五《ご》洲《しゅう》第《だい》一《いち》の都《みやこ》
さっぽろ

三上洋右

高木書房

五洲第一の都　さっぽろ

三上　洋右

はじめに

私にはいつも思うことがある。それは、政治を行うには夢を持つことが必要であり、夢を語ることが出来なくなれば政治家は終わりだということである。議員になって何年経《た》とうが、何期務《つと》めようがそれはもう関係することではなく、それでもう終わりなのである。

夢を語るには、高い理想の姿を描かなければならない。ヴィジョンと言ってもいいだろう。そして、その理想を現実のものとする強い意欲を持たなければならない。そのためには向上心を高め、実現のための行動力と強い責任感を持つことである。そして何よりも大切なことは、諦《あきら》めないことだ。私は、そういう思いで札幌市議会議員を続けてきた。

幸いにして、一九九一年（平成三年）の初当選以来、今日まで札幌市議会議員として、札幌市の発展に些《いささ》かなりとも貢献できたことは、私の誇《ほこ》りであり自負するところでもある。そして私は今、札幌市議会議員として引き続き夢を語り続けることを決意した次第である。

本書は、札幌市のこれまでの歩みと自らの来し方を振り返り、また、これまでの議会活動を通じて感じた問題点に真正面から挑《いど》み、札幌市のまちづくりはどうあるべきかを探り、躍動《やくどう》する未来像を描こうとするものである。

本書を書くにあたり、まず触れたいのは「北海道開拓の父」とも呼ばれる、島義勇《しまよしたけ》判官のことである。島《しま》は、札幌市を北海道の中心都市としていつの日か世界で一番の大都市とする壮大な夢を抱いた人物だからである。

島《しま》判官は、世界一の都市を創《つく》るという高い理想を掲げ、北海道に骨をうずめる覚悟でこの任に当たった。しかし、わずか三か月で判官の任を解《と》かれ、札幌を離れることになる。そのようなあまり知られていないエピソードを含めて、島義勇《しまよしたけ》の半生に触れてから本論に入ることとしたい。

札幌市役所本庁舎一階ロビーには、札幌市の基礎を創《つく》った人物として島《しま》判官の像が据《す》えられている。一九七二年（昭和四十七年）の冬季オリンピック札幌大会前年の市役所新庁舎建設の際に建立《こんりゅう》されたものである。右手をかざしたその像は、今から百五十年前、島《しま》判官がコタンベツの丘（現在の札幌市中央区宮ヶ丘）に立ち、大通を遠く望む姿を表《あらわ》したものだが、力強く大地を踏みしめて立ち、はるかかなたを見つめるその姿は、大きな理想に燃え、北海道開拓に情熱を傾けた島《しま》判官の思いを今に伝えている。

島《しま》判官の理想の実現を願って建立《こんりゅう》された像の台座には、前面に当時の原田與作《はらだよさく》市長の筆になる島《しま》の漢詩が浮彫してある。

河水遠流山峙隅　　河水遠く流れ山隅に峙つ
平原千里地膏腴　　平原千里の地膏腴
四通八達宜開府　　四通八達宜しく府を開くべし
他日五洲第一都　　他日五洲第一の都

（明治二年　冬　作詩）

また台座背面には、札幌市長　板垣武四《いたがきたけし》（原田市長の後任）と署名した由来記が次のように書かれている。

島義勇は佐賀藩士、一八六九年（明治二年）七月開拓使が設けられたとき、初代判官に任ぜられ、最重要の地、石狩地方の責任者となった。当時、石狩平野は海岸こそ開けていたが、内陸は全くの未開地であった。

一八五七年（安政四年）箱館奉行に従って全道及び樺太南部を巡回し、既に北方の事情に通じていた義勇は、北方の開拓を進めるためには、札幌の地に中心を移す必要があるとして、十月末に雪を踏んでこの無人の地に入り、ここに京都を模して整然とした区割りを行い、都市建設に着手した。

時はあたかも降雪期で、雪中の大事業であった。このため思わぬ出費が重なり、義勇は翌年二月東京に召還されたが、その遠大な意図は後継者に受け継がれ、北海道の首都である今日の札幌市の基礎をなしたのである。

ここに新庁舎を建設するに当たり、その偉業を想いその理想の実現を期してこの像を建立する。

昭和四十六年十月

札幌市長　板垣武四

今から百五十年前、箱館《はこだて》戦争激戦の傷跡もまだ癒《い》えぬ一八六九年（明治二年）の冬、開拓三神の御霊代《みたましろ》を奉じた一人の男はコタンベツの丘に立っていた。眼下に広がる原野を見渡し、「この土地こそ世界一の都を開くにふさわしい土地だ」と気宇壮大《きうそうだい》な構想を練《ね》った。その男こそ初代開拓使主席判官、島義勇《しまよしたけ》である。

札幌の基礎を創《つく》った人物、島義勇《しまよしたけ》は、一八二二年（文政五年）佐賀藩士、島《しま》市郎右衛門有師《ありみつ》の長男として生まれ、幼名は市郎助、元服《げんぷく》後（成人に達してから）は、島《しま》団右衛門義勇《よしたけ》と名を改めた。幼少時から優秀で、藩校である弘道館でも一、二を争う秀才であったため、佐賀藩十代藩主、鍋島直正《なべしまなおまさ》に重用《ちょうよう》され、若くして藩の要職に就《つ》くことになる。

佐賀藩出身の島義勇《しまよしたけ》が、なぜ北海道の開拓・本府《ほんぷ》建設に当たったか。鍋島直正《なべしまなおまさ》は、諸外国からの圧力が高まる中、国の安泰を図るためには、政府の目の届かない地域を多く残す北海道の開発は急務と考えており、その主命を受けた島義勇《しまよしたけ》は、早くも一八五七年（安政四年）に北海道を視察し、当時としては松浦武四郎《まつうらたけしろう》に次ぐほど北方問題の先駆者《せんくしゃ》であり、専門家であった。一八六九年（明治二年）七月十三日、明治新政府によって北海道開拓使が置かれ、その初代長官に鍋島直正《なべしまなおまさ》が任命された時、開拓事業の中心人物として、当時、蝦夷地御用掛《えぞちごようかかり》だった島義勇《しまよしたけ》を主席判官に任命したのである。

明治政府にとって、箱館《はこだて》戦争後の民生を立て直し安定させることと、ロシアの脅《きょう》威《い》を防ぐためにも、北海道の開拓は国家としての最重要プロジェクトであったため、開拓使には、すでに鍋島直正《なべしまなおまさ》によって島義勇《しまよしたけ》、岩村通俊《いわむらみちとし》、岡本監輔《おかもとけんすけ》、松浦武四郎《まつうらたけしろう》、松本十郎《もとじゅうろう》、杉浦誠《すぎうらまこと》、武田信順《たけだのぶより》という有能な人材が集められていた。その中でも島義勇《しまよしたけ》は、箱館《はこだて》奉行の堀利熙《ほりとしひろ》とともに蝦夷地《えぞち》を巡検した経歴を持ち、開拓使主席判官として重要な位置を占めていた。

第二代長官となった東久世通禮《ひがしくぜみちとみ》（鍋島直正《なべしまなおまさ》はわずか一か月で大納言に転任）と島《しま》、岩村《いわむら》、松本《まつもと》、武田《たけだ》等の判官とそのほかの官員や東京府で募集した移住民二百人は、英国船テールス号で一路箱館を目指した。箱館《はこだて》に無事到着した東久世《ひがしくぜ》長官一行は、直ちに箱館《はこだて》開拓使出張所（箱館《はこだて》仮本庁・翌一八七〇年（明治三年）に箱館《はこだて》本庁となる）を開設した。

一八六九年（明治二年）十月一日、島《しま》判官は北海道本府《ほんぷ》をサッポロに創設するため、東久世《ひがしくぜ》長官と箱館《はこだて》で別れ、明治天皇から授かった、大国魂神《おおくにたまのかみ》、大那牟遅神《おおなむちのかみ》、少彦名神《すくなひこなのかみ》の「開拓三神」の御霊代《みたましろ》を入れた唐櫃《からびつ》を自ら背負い、妻子と共に箱館《はこだて》から陸路で北へ向かった。目指すは石狩《いしかり》の国サッポロの未開の大地であった。

箱館《はこだて》を出発して十二日後に銭箱《ぜにばこ》（銭函）に着いた島《しま》判官は、開拓使銭箱《ぜにばこ》仮役所を開設して、北海道本府《ほんぷ》創設に取りかかる。北海道の行政や防衛の中心となる北海道本府《ほんぷ》を、石狩《いしかり》に創設することは政府の許可を得ていたのだが、石狩《いしかり》のどこに本府《ほんぷ》を創設するかについては、サッポロが候補地ではあったものの、まだ決定したことではなく、それは島《しま》判官に一任されていた。

当時のサッポロ（現在の札幌市中心部）には、豊平川右岸（豊平区側）には志村鉄《しむらてつ》一《いち》が渡し守を兼ねて通行屋を営んでおり、左岸（中央区側）には猟師の吉田茂八《よしだもはち》が同じく渡し守を兼ねて住んでいたが、ほかには数戸のアイヌの小屋があるだけで、見渡す限りの原野だった。

島《しま》判官は十一月十日、銭箱《ぜにばこ》から五里半（約二十二キロ）の雪道を馬に乗ってサッポロに入り、定山渓《じょうざんけい》温泉を発見した美泉 定山《みいずみじょうざん》らを道案内人として、サッポロの探査を行った。

島《しま》判官は、まず、開拓三神をお祭りするにふさわしい土地を探すことから始めた。

そして、眺望の開けたコタンベツの丘に立つ。

彼方には石狩川《いしかりがわ》が流れ、西には手稲《ていね》の峰がそびえている。
遥かに続く平原は肥沃《ひよく》で農地にふさわしい。
東西南北どこに行くにも便利で、ここに府を開くべきである。
いつか世界第一の都となるだろう。

その時の心境を詠《よ》んだのが冒頭の漢詩である。

ここに世界第一の都を創《つく》る、そう決めた島《しま》判官は、まずコタンベツの丘に神社を建てることを決め、丘から東に約一里（約四キロ）離れた大友堀《おおともぼり》を起点として、北海道本府《ほんぷ》（地名から札幌本府《ほんぷ》と呼ばれるようになる）を建設することにした。

まちづくりの起点は、大友堀《おおともぼり》（現在の創成川）と銭箱《ぜにばこ》通り（現在の南一条通り）とが交わった所（現在の創成橋《そうせいばし》）とした。札幌本府《ほんぷ》の境界を定める縄張りは、札幌村の農家、高木《たかぎ》長蔵《ちょうぞう》の家に泊まりながら、十文字《じゅうもんじ》龍助《りょうすけ》大主典《だいさかん》らと一緒になって行ったといわれている。基《もと》となったのは、島《しま》判官が描いた「石狩太府指図《いしかりたいふさしず》」と「石狩国本《いしかりのくにほん》府指図《ぷさしず》」である。

島《しま》判官の指図《さしず》による設計では、市街の中央に東西を貫《つらぬ》く幅四十二間《けん》（約七十六メートル）の防火帯（現在の大通）を設けて豊平川から円山まで通し、防火帯の北側を「官用地」として、役所や学校、病院などの主に公共用地とし、南側を「町屋《まちや》」として民間の住宅や商業地として配置した。

官用地には、開拓使札幌本庁舎用地として三百間《けん》（約五百四十五メートル）四方の土地を確保して、幅一間《けん》（約二メートル）の堀で囲い、その周りに幅四十間《けん》（約七十三メートル）の道路を造った。庁舎の前方には長官邸、判官邸、学校、大病院を向かい合わせに配置して、敷地はどれも間口五十間《けん》（約九十一メートル）とし、権《ごん》判官邸以下の屋敷と、農政、市政、刑法などの役所や華族、武家の用邸や倉庫などの敷地を含めて全ての道路幅は十二間《けん》（約二十二メートル）としてあった。また、既に決めていた円山の神社敷地の前を馬場所《うまばしょ》と名づけ、その道路幅を三十間《けん》（約五十五メートル）とするなど、当時の設計としてはスケールの大きい画期的なものであった。

島《しま》判官に代わって札幌本府《ほんぷ》建設の担当者となった岩村通俊《いわむらみちとし》判官は、防火帯でもあった大通りの幅を十八間《けん》広げて六十間《けん》（約百九メートル）とし、開拓使庁舎敷地の周りの道路幅を半分の二十間《けん》（約三十六メートル）にするなど、多少の修正を行っているが、大体は島《しま》判官の基本を引き継いだもので、これが現在の札幌市の基本設計である。

このように優《すぐ》れた都市設計を行った島判官《しま》が、なぜ、わずか三ヵ月で首席判官を解任されるに至ったのか。

島《しま》判官がサッポロに入ったのが十一月初旬である。北海道の厳しい冬を乗り切るために最も必要なのは数百人に上る人夫《にんぷ》達の食料の確保であったが、一八六九年（明治二年）は、東北地方が凶作の年であり、さらに薪水《しんすい》や食料などをサッポロに運ぶはずだった開拓使の輸送船が、難破沈没する事態となった。

このため、島《しま》判官は食料の確保（買い上げ）に奔走《ほんそう》する。しかし、当時、石狩《いしかり》、小《お》樽《たる》、高島を管轄していた兵部省《ひょうぶしょう》が、開拓使との間でいくつかの対立を繰り返しており、開拓使を快《こころよ》く思っておらず、全ての品物を開拓使に売り渡すことを禁ずるだけでなく、アイヌに兵部省《ひょうぶしょう》管轄のイシカリ郡内への移住を強制するなど、困窮する開拓使に追い打ちをかけるような暴挙に出たのである。

このような中で、島《しま》判官はサッポロ近傍《きんぼう》だけではなく、遠く余市《よいち》、岩内《いわない》、厚田《あつた》などの漁場《りょうば》請負人を招集し、開拓使の官吏に任命することにより、それらの請負人が蓄えている食料を買い上げることに何とか成功している。

しかし、このような事態が食料をはじめとする諸物価の急激な高騰《こうとう》を招き、わずか二か月ほどで七万両の資金を使い果たす結果となる。このため、開拓使箱館《はこだて》仮本庁にいた東久世《ひがしくぜ》長官に資金や米の増額を求めたが、箱館《はこだて》にいて現地の窮乏を知らない東《ひがし》久世《くぜ》長官の目には、島《しま》判官の独断専行と映ったらしく、中央政府に対し「酷使《こくし》浪費を行った島《しま》判官を辞めさせるか、さもなければ自分を辞めさせるか、もっと金をよこせ」と迫ったのである。その結果、翌年一八七〇年（明治三年）二月、島《しま》判官は免職となり、東京召還《しょうかん》となった。

この頃、開拓権《ごん》判官の大橋慎《おおはししん》が岩倉具視《いわくらともみ》に送った手紙が国立国会図書館に残されており、そこでは二人をこう評している。

「創業の地である北海道に向かった者は勿論《もちろん》、駑馬《どば》でも大業は成しがたいが、また、悍馬《かんば》の御し難いのも困ったものである。このくらいのものを御すことができなければ、北海道開拓の大業はおぼつかない。」

駑馬《どば》とはのろくて鈍い馬、悍馬《かんば》とは気が強く荒々しい馬で、東久世《ひがしくぜ》長官と島《しま》判官の二人を馬になぞらえ、北海道開拓という困難な事業を成し遂《な》げ《と》るには、島《しま》判官のような有能で気性《きしょう》の激しい人間が必要であるが、それを凡庸《ぼんよう》な上司の東久世《ひがしくぜ》長官が使いこなせないことを嘆いているのである。しかし、やむを得ないので、迅速に島《しま》判官の処遇を決めるように岩倉具視《いわくらともみ》に促《うなが》している。

この手紙を受けた岩倉具視《いわくらともみ》は、三月下旬には島《しま》判官を参内《さんだい》させ、詳しい事情と今後の開拓の見込みについて説明をさせたが、開拓使資金の使い方をとがめることはなく、その功績により官位を上げ、大学少監《しょうかん》（文部科学省次官に相当）に任命したのである。また、島《しま》判官解任を申し立てた東久世《ひがしくぜ》長官も、その年の八月に初めて札幌を訪れ本府《ほんぷ》建設の様子を目の当たりにした時に、「出来栄え、規模も広大で、称賛されるものである。」と、率直な感想を述べているのである。

このように後世に残る優《すぐ》れた仕事をしながらも、わずか三か月で島《しま》判官が解任された顛末《てんまつ》を見ると、現場主義を貫《つらぬ》いた島《しま》判官と現場の状況を知らずに判断を下した東《ひがし》久世《くぜ》長官のスタンスの違い、開拓使の食料困窮に拍車をかけた兵部省《ひょうぶしょう》のセクト主義など、山ほど課題は見つかるが、さらに深掘《ふかぼ》りしていくと、今日とは異なる当時の政治・行政の二つの課題が見えてくる。

その一つ目が、明治政府というのが強力な中央集権であり、その割には官僚行政が未熟であったことである。

徳川幕府の幕藩《ばくはん》体制というのが、幕府が強力な統制を行いながらも藩の独自性と権限を認める、限定的とはいえ地方自治の要素を兼ね備えた制度であった。一方、明治政府が目指したのは、諸外国に対抗できる天皇を中心とした強大な国家づくりであり、そのために中央集権的な政府を樹立することが喫緊《きっきん》の課題であったわけである。しかし、その政府を下支えするはずの官僚組織は未成熟であり、地域の情報は中央に届かず、ほとんど無視される形で政策も人事も決定されていった。このため、北海道開拓事業を実施すること自体は、政府（天皇）の一存であっという間に決定されたという良い面もあったが、その後は地域の実情を知らない人間によって事業予算や人事が決定され、北海道開拓に身命《しんめい》を賭《と》し、厳しい生活に耐えながら現場主義を貫《つらぬ》いた島《しま》判官が軽んじられたのである。

二つ目が、藩閥《はんばつ》政治に翻弄《ほんろう》されたことである。

昨年のＮＨＫ大河ドラマ「西郷《せご》どん」をご覧になっていた方は多いと思うが、極貧の下級武士にすぎなかった西郷吉之助《さいごうきちのすけ》（後の西郷隆盛《さいごうたかもり》）が人間的に成長し、勝海舟《かつかいしゅう》、坂本竜馬《さかもとりょうま》ら盟友と出会い、ゆるぎなき「革命家」へと覚醒《かくせい》し、やがて明治維新を成《な》し遂《と》げていくストーリーを軸に、あの動乱の時代に活躍した明治の群像を描いている。その中で、日本の近代化を巡《めぐ》っての大久保利通《おおくぼとしみち》や木戸孝允《きどたかよし》らとの路線の対立も描かれていたが、明治維新の時代というのは、徳川家、公家《くげ》、薩長土肥《さっちょうどひ》の志士たちが、佐幕《さばく》・尊王《そんのう》・公武合体派、開国派・攘夷《じょうい》派など激しい対立と権力闘争が起こった時代であった。そして、それは明治の新政府が発足してもしばらく続いた。

この権力闘争の中で、実質的に力を持っていたのが薩長土肥《さっちょうどひ》（薩摩《さつま》・長州《ちょうしゅう》・土《と》佐《さ》・肥前《ひぜん》）の藩閥《はんばつ》であり、明治維新の立役者となった薩長《さっちょう》は政府高官として大量の人材を輩出しており、土佐《とさ》、肥前《ひぜん》を格下に見る者も多かったと言われている。また、この藩閥《はんばつ》の対立が時として深刻な対立へと発展した。国内最後の内戦と言われる西南《せいなん》戦争が起きたのは一八七七年（明治十年）のことであり、この戦争に敗戦したことにより明治政府の立役者である西郷隆盛《さいごうたかもり》は自刃《じじん》した。その三年前の一八七四年（明治七年）には佐賀の乱が起き、その首謀者として島義勇《しまよしたけ》も刑死している。

このような視点で島《しま》判官の東京召還《しょうかん》の経緯《けいい》を見ると、初代開拓使長官が鍋島直正《なべしまなおまさ》であったこともあり、開拓使は島《しま》判官ほか佐賀藩出身者が中心であったのに対して、兵部省《ひょうぶしょう》は長州《ちょうしゅう》藩士が主体の組織であったため、ただのセクト主義、縄張り意識のせいで開拓使と兵部省《ひょうぶしょう》の確執が起きたと言うより、肥前《ひぜん》対長州《ちょうしゅう》の根深い対立が根底にあったと言えよう。また、東久世《ひがしくぜ》長官の出自は京都の公家《くげ》であるが、幕末の一時期、尊王攘夷《そんのうじょうい》派と公武合体派の対立により起きた政変により官位をはく奪された際には、長州《ちょうしゅう》藩の庇護《ひご》を受け、長州《ちょうしゅう》に逃れたと言われている。

ちなみに、「西郷《せご》どん」でおなじみの岩倉具視《いわくらともみ》は、長州《ちょうしゅう》藩を中心とした尊王攘夷《そんのうじょうい》派の排斥《はいせき》運動により一度は地位を失ったが、薩摩《さつま》藩の大久保利通《おおくぼとしみち》らとともに明治政府の発足の中心人物の一人となったのである。また、島義勇《しまよしたけ》は東京召還《しょうかん》後、一八七〇年（明治三年）から一八七二年（明治五年）頃にかけて、山岡鉄舟《やまおかてっしゅう》らと明治天皇の侍従《じじゅう》として仕えているが、文武両道にわたり天皇の教育係を務められる島義勇《しまよしたけ》の資質を見抜き、推挙したのは、明治天皇の信頼の厚かった西郷隆盛《さいごうたかもり》であったと言われている。

しかし、北海道開拓という国家的なプロジェクトの責任者が、何の落ち度もなく、むしろ賞賛《しょうさん》に値するだけの業績を上げながら、たった三ヵ月でその任を解かれることが事実として起こったのである。議会制民主主義が定着し、官僚機構の政治的中立性が担保されるようになった今日では考えられないほど、明治政府の官僚制度は未成熟であり、官僚人事が藩閥《はんばつ》の権力闘争のための道具として使われたことが、島《しま》判官の理想の実現を阻《はば》んだというのは、決して深読みのし過ぎでも何でもない、まぎれもない事実であると私は考えている。

札幌を去った島義勇《しまよしたけ》は、その後、大学少監《しょうかん》、明治天皇侍従《じじゅう》、秋田県権令《ごんれい》を歴任し、八郎潟《はちろうがた》の干拓《かんたく》事業の予算獲得で大蔵省と衝突し、一八七二年（明治五年）六月に権令職《ごんれい》を退くことになる。その後九月には、政府高官の腐敗堕落《ふはいだらく》ぶりを見かねて、太政官《だじょうかん》あてに建白書《けんぱくしょ》を出すが、そこには「北海道の石狩府《いしかりふ》を北京《ほっきょう》と名を改め、避暑のための皇宮《こうぐう》としていただきたい」と記していたという。

札幌を離れてもなお、「他日五洲第一都」となることを信じて疑わなかった島義勇《しまよしたけ》の姿がそこにあったのである。

その二年後には、佐賀の乱の首謀者として斬首《ざんしゅ》され、享年《きょうねん》五十三歳の若さで生涯を閉じることとなる。最期《さいご》は武士として佐賀藩のために戦って死んでいくことに満足していたのか、権力闘争に翻弄《ほんろう》され、理想の実現を阻《はば》まれたことへの無念の思いを抱き続けていたのか、島義勇《しまよしたけ》の心の内をうかがい知るすべもない。

しかし、それでも時に思うことがある。

札幌市は今や人口二百万人に迫る大都市へと発展したが、「他日五洲第一都」と漢詩を詠《えい》じ、札幌を本府《ほんぷ》の場所と定めた島《しま》判官が、今の札幌を見て何を思うだろう。歴史に「もしも」はないが、もしも島義勇《しまよしたけ》がそのまま北海道開拓に携《たずさ》わり続けていれば、札幌は今、どんな街になっていたのだろう。果たして、島《しま》判官の理想は実現したのだろうか。

平成の時代が終わり、また新しい時代を迎えようとしている今日、歴史上最も悲惨《ひさん》な大戦を経て、日本は中央集権国家から民主主義国家に生まれ変わった。それとともに、自分たちの未来は自分たちで決めるという地方自治の精神も広く定着した。地域の未来を託せるリーダーは、自分たちで選ぶことができるのである。

私自身、その地方自治を担う一人として、また、島《しま》判官の遺志を引き継ぐ者として、札幌のまちづくりに携《たずさ》わってきた先人《せんじん》が何を築いてきたのか。これから先どう進むべきか。本書において過去を振り返り、未来への夢を語ることにした。

最後までお読みいただければ、この上ない喜びである。

もくじ

はじめに　3

第一章　北海道百五十年のあゆみ
一　開拓使と道都札幌の始まり　30
二　炭鉱の歴史と札幌　35
三　北海道の政治風土と札幌　39

第二章　わが愛する札幌
一　藻岩の山頂で決意　46
二　理想都市・札幌　50

㈠ 札幌市民憲章 50
㈡ オリンピックへの熱意 53
三 大陸的風土 56
㈠ 急成長のわけ 56
㈠ 巡る春夏秋冬 58
㈢ 開かれた自主独立の精神 60
㈣ 人情豊かな人と風土 62
第三章 歴代市長と札幌市政
一 歴代市長の軌跡 68
二 桂市政は躍動の時代 74
三 上田市政は停滞の時代 78
四 秋元市政は新たな始動の時代 83
五 市長と議会の二元代表制 86
第四章 新たなまちづくり

一　戦略と人脈で再び黄金期を　92
㈠　一九七二年札幌冬季オリンピック開催がもたらしたもの　92
㈡　オリンピック招致を成功に導いた人々　94
㈢　宮様スキー大会国際競技会　96
㈣　計画的まちづくりの系譜　97
㈤　二〇三〇年札幌冬季オリンピック・パラリンピック招致へ　99
二　札幌ドーム周辺の整備　100
㈠　現時点での札幌ドーム周辺の整備計画　100
㈡　次の時代を見据えた整備のあり方を考える　102
㈢　北海道の国際観光地化　103
㈣　オリンピック開催の意義を改めて考える　106
㈤　大会終了後もオリンピックのレガシーを伝える場に　108
㈥　人々の交流を支える足の確保　111
㈦　地下鉄東豊線の再整備～新たな交通軸の形成　114

三　新幹線開業で札幌の新たな顔を　118
㈠　札幌駅新幹線ホーム　118
㈡　現在の札幌駅周辺には対応すべき課題も　123
㈢　世界に誇れる新たな札幌駅周辺を　126
㈣　路面電車の新たな展開　132
1　地下鉄開業までは市民の足の主役　132
2　今だから見直される路面電車の役割　133
3　求められる延伸検討の本格化　135
4　新幹線開業と創成川イーストを結ぶ路面電車に大きな期待　136
5　市民や事業者の理解を得ながら現実的かつ戦略的なシナリオを　137
四　地下鉄東豊線の延伸　139
㈠　札幌の地下鉄建設の歴史　139
㈡　地下鉄五十キロ構想　142
㈢　地下鉄建設にかかる費用と建設の困難さ　145

(四) 地下鉄東豊線延伸実現のシナリオ 149
五 丘珠空港の活性化 153
(一) まちづくりの上での空港の意義 153
(二) 丘珠空港の辿った歴史 156
(三) 丘珠空港の果たすべき役割と具体的な整備方向 161
六 最近のAIと自動運転技術の進展(令和二年追記) 167
第五章 観光都市札幌の展望
一 観光は札幌の基幹産業 182
二 インバウンドで甦った狸小路 184
三 日本新三大夜景都市 187
四 インバウンド観光の課題 189
五 札幌市観光の課題~通過型観光 199
六 観光客の満足度向上~優れた観光人材の育成 201
七 新たな観光の魅力の創出~定山渓を札幌のリゾートに 204

八　観光を超えた訪問目的の創出～期待される新ＭＩＣＥ施設　206

第六章　市街化調整区域の有効活用
一　市街化調整区域を研究テーマに選んだわけ　212
二　札幌の計画的な市街地整備を支えてきた線引き制度　214
三　安定成熟期においては線引き制度の意義が変化　215
四　市街化調整区域の役割も積極的にとらえ直すべき　216
五　札幌の市街化調整区域には潜在的な可能性がある　217
六　札幌の魅力と活力を高める有効活用に新たな道筋を　218
七　既存の観光資源を生かすための有効活用　219
八　物流機能の高度化を支えるための有効活用　220

第七章　人生百年時代を支えるまち
一　子どもとお年寄りは社会の宝、国の宝　226
二　子どもの減少が止まらない　227
三　子どもをめぐるさまざまな問題　230

四　これからの子ども、子育て支援のあり方　232
五　高齢化の現状　235
六　健康寿命　238
七　生涯学習、生涯現役　241
八　安全、安心の確保　246
九　環境に恵まれた街さっぽろ　251
十　人生百年時代を支えるまち　253
おわりに　256
付録　年表　266

第一章　北海道百五十年のあゆみ

一　開拓使と道都札幌の始まり

現在、道都として百九十六万人の人口を抱える札幌市の歴史は、北海道の開拓の歴史と表裏一体のものである。

松浦武四郎《まつうらたけしろう》が提案した「北加伊道《ほっかいどう》」から一八六九年（明治二年）八月に命名された北海道は、明治を迎えるまでは「蝦夷《えぞ》」と呼ばれていた。江戸幕府の松前藩《まつまえ》のもとで支配されていたのだが、実際に松前藩《まつまえ》の支配が及んでいたのは、現在の函館を中心とする渡島《おしま》半島の一部でしかなかった。

江戸時代の後半になると、鎖国していた日本に対して海外からの圧力が強くなり、特に北方ではロシアからの南下に脅威《きょうい》を感じ始めた。

そこで蝦夷地《えぞち》の支配を強めるために、間宮林蔵《まみやりんぞう》による蝦夷地《えぞち》の調査、近藤重蔵《こんどうじゅうぞう》による探検、伊能忠敬《いのうただたか》による日本沿岸部の測量地図の作成など、様々なことを行った。

しかし、時代の流れには逆らえず、幕府は鎖国を終えて諸外国に対し門戸《もんこ》を開いたことをきっかけに、尊王攘夷《そんのうじょうい》、倒幕の動きが強まったことはご存じのとおりである。

江戸幕府に代わり政治を担《にな》う事になった明治政府が、北方からの脅威《きょうい》に対する国防の観点と、明治維新によって暮らしに困窮《こんきゅう》した旧士族の救済策の一環として屯田《とんでん》兵《へい》制度を創設し、多くの元武士や農民が屯田兵として北海道の地に入植してきた。現在の札幌市北区にある地名「屯田《とんでん》」は、まさに屯田兵《とんでんへい》が入植したことの名残《なごり》である。

これら開拓の中心として置かれたのが開拓使であり、置かれた場所こそ札幌である。開拓使を札幌に置くにあたり、開拓使初代主席判官の島義勇《しまよしたけ》は、コタンベツの丘から眼下に広がる一帯に目を向け、碁盤の目状に道路を整備し、開拓使庁舎をはじめとする官庁などの建物を整備していった。このとき、火防線《かぼうせん》の役割として設置されたのが現在の大通《おおどおり》公園であり、今では市民の憩いの場であるばかりでなく、雪まつりをはじめとする多くの催《もよお》しの会場として、観光客でも賑《にぎ》わいを見せる場となっている。

北海道の厳しい気候は、彼の理想郷《りそうきょう》の実現に大きく立ちはだかり、彼自身はほどなく主席判官の職を失うことになるが、「他日《たじつ》五洲第一の都」という気宇壮大《きうそうだい》な夢を描いた彼の築いた街並みは、現在まで連綿《れんめん》として生き続け、札幌の特色になっている。

島《しま》判官によって開拓使は一八六九年（明治二年）、行政や防衛の中心となる北海道本府《ほんぷ》を札幌に創設することを決定した。

その後一八八二年（明治十五年）二月には、札幌県、函館県、根室《ねむろ》県の三県が、一八八三年（明治十六年）一月には農商務省北海道事業管理局が置かれるが（三県一局時代）、一八八六年（明治十九年）一月に北海道庁設置により三県一局は廃止される。

政府は札幌農学校（現・北海道大学）を開設し、北海道を開拓するための人材育成や指導を行うべく、海外から数多くの指導者を積極的に招聘《しょうへい》した。あのクラーク博士もこの指導者の一人であり、札幌農学校の初代教頭である。

また、未開拓の広大な土地に着目して、各種の官営の農場や工場も作られたことにより、現在の北海道経済の礎《いしずえ》がつくられていった。こうして北海道の中心地として成長し、一九二二年（大正十一年）には市制を施行して「札幌市」が誕生する。

その後、第二次世界大戦後の国内産業を下支《したざさ》えしてきた石炭産業が衰退《すいたい》し、道内の炭鉱が相次いで閉山すると、炭鉱街の人々が札幌市へと流入し、札幌市の人口が急増していくのだが、詳細は別項に譲《ゆず》る。

一九六八年（昭和四十三年）、北海道は開拓を始めてから百年を迎えた。記念式典のほかに、真駒内公園を会場とした北海道博覧会が開催された。同博覧会は北海道百年記念事業の一つとして、同事業のスローガンである「風雪《ふうせつ》百年　輝く未来」をメインテーマとし、約二カ月の開催期間で百六十万人を超える来場者があった。

また、野幌《のっぽろ》森林公園内にある北海道開拓記念館（現：北海道博物館）や北海道百年記念塔も、北海道百年を記念して建設されたものである。百年記念塔は高さ百メートルで、以前は塔内を展望室まで上ることができ、北海道の広大な大地を望むことができたが、老朽化《ろうきゅうか》による危険性のために二〇一四年（平成二十六年）から展望台内部と周辺への立ち入りを禁止していた。北海道はその存廃《そんぱい》を検討していたが、施設を改修して今後も維持する場合には多額の費用がかかるため、二〇一八年（平成三十年）九月に、百年記念塔を解体する方針を固めた。その跡地《あとち》には新たなモニュメントを設置する考えだというが、大変残念な結果である。

北海道が開道百年を迎えたこの年は、札幌の創建《そうけん》百年でもある。四年後に冬季オリンピックが開催されることがすでに決まっていた札幌は、その準備に向けてまちづくりが盛んに行われており、人口も八十万人を超える大都市となっていた。

一九七〇年（昭和四十五年）には、札幌市の人口が百万人を超え、一九七二年（昭和四十七年）四月一日に政令指定都市（七区）へ移行したが、同年に開催された札幌冬季オリンピックを契機《けいき》とした地下鉄南北線の開通や市中心部の地下街開通、オリンピックで選手村として利用した集合住居を団地へ転用するなど、オリンピックを契機《けいき》に行われた基盤整備は、その後のまちの発展には欠かせないものとなった。

もう一つ、札幌市の成長の要因として近隣の町村との合併が挙《あ》げられる。

一九四一年（昭和十六年）に円山町《まるやまちょう》、一九五〇年（昭和二十五年）に白石村《しろいし》、一九五五年（昭和三十年）に琴似町《ことにちょう》、札幌村《さっぽろむら》、篠路村《しのろむら》、一九六一年（昭和三十六年）に豊平町《とよひらちょう》、そして一九六七年（昭和四十二年）には手稲町《ていねちょう》と合併し、市域が拡大されるのと同時に、人口も増えていった。

そして、市街地も中心部から周辺部に向けて拡充していく中で、一九八九年（平成元年）、さらには一九九七年（平成九年）に分区を行い、現在の十区体制が整った。

こうして、冬期間の降雪量《こうせつりょう》は約六メートルにも及ぶ土地でありながら、札幌市は百九十六万人の人口を抱える大都市となった。

一八六八年（明治元年）の札幌村《さっぽろむら》開村以来、二〇一八年（平成三十年）には創建《そうけん》百五十年を迎えたが、札幌ドームやコンサートホールＫｉｔａｒａ《キタラ》、さっぽろ雪まつりやパシフィック・ミュージック・フェスティバル（ＰＭＦ）といった世界的に名高い施設やイベントも数多くあり、国際都市としてその名前は世界に広く知られている。

このように世界にも広く知られた国際都市、北方圏《ほっぽうけん》の大都市となったが、北海道の開拓が札幌市を誕生させ、北海道の成長がまさしく札幌市の成長であるといえる。

二　炭鉱の歴史と札幌

札幌の発展を考える際に、北海道内に多数あった炭鉱の存在を忘れることはできない。

江戸幕府による政治が終わり、明治へと時代が移り変わっていったとき、外国の進んだ文明や技術を知ることになり、日本は欧米との差を実感するとともに、それを解消すべく、殖産興業《しょくさんこうぎょう》、富国強兵《ふこくきょうへい》政策を進めていくことになる。

イギリスで発明された蒸気機関《じょうききかん》に代表される産業革命は、鉄鋼業《てっこうぎょう》の急速な発展をもたらし、その鉄鋼《てっこう》生産や蒸気機関《じょうききかん》の燃料となる石炭の国内需要《じゅよう》も飛躍的《ひやくてき》に高まったため、炭鉱の開発が時を同じくして進められた。

例えば九州にあった筑豊炭田《ちくほうたんでん》は、北九州市に官営で整備された八幡《やはた》製鉄所に燃料である石炭を供給するために開発された。国内では、福島県、山口県、福岡県、佐賀県、長崎県とともに北海道が主な生産地であった。最盛期《さいせいき》には日本全国で八百以上の炭鉱があり、北海道ではピーク時の一九五七年（昭和三十二年）には百五十八あったとのことである。

産出された石炭は、重量があるために陸路での輸送ではコストがかかる。そこで、鉱山経営の観点からは、炭鉱の近辺に加工場を設けるようになり、当然、そこに働く人々は近辺に住むようになる。また、炭鉱を経営する会社は炭鉱で働く人材を確保するために住宅を設け、人が増えると学校や病院、公園なども整備されていき、一つの街が出来上がっていった。

炭鉱が基《もと》となって大きくなり、現在も市として存在する自治体の多くは、おおむね一九四八年（昭和二十三年）から一九六〇年（昭和三十五年）の間に人口のピークが来ており、炭鉱の最盛期《さいせいき》がこの頃と推察《すいさつ》できる。

しかし、このピークを境《さかい》にして、人口は減少の一途をたどっていった。

その要因は、炭鉱の閉山であった。

外国産の石炭の方が国内産よりもコストが低いことや、新しいエネルギーとして石油が大量輸入されるようになったことなどを要因として、産業界、一般家庭でも燃料は石炭から石油製品に切り替わっていき、石炭の需要《じゅよう》は急速に落ち込んでいくことになる。

また、ガスや粉じんによる爆発や崩落《ほうらく》事故が発生しやすい炭鉱では、時代とともに安全対策は充実していったものの、一度発生すると人的にも施設的にも被害が大きく、労働者とともに経営会社にも痛手《いたで》を与え、人々が経済的にも精神的にも炭鉱から離れていったことも閉山の要因といえよう。

そして炭鉱、あるいは炭鉱の街での仕事を失った人たちは、新たな仕事を求めて街を離れていったため、人口は急激に減少していく。そしてその炭鉱離職者の受け皿となって人口が増えていった街がまさしく札幌であった。

その人口の動きをデータで確認してみる。

炭鉱が街の中心産業だった道内の六市（夕張《ゆうばり》、美唄《びばい》、芦別《あしべつ》、赤平《あかびら》、三笠《みかさ》、歌志内《うたしない》）から札幌市への転入者数を見てみると、道内炭鉱の数がピークの一九五七年（昭和三十二年）には、六市合計で札幌への転入は二千九百二十六人であり、札幌市からの転出者数を差し引いた札幌市への転入超過《ちょうか》数は一千七百七十八人であった。

これが三年後の一九六〇年（昭和三十五年）になると、倍以上の四千四百三十四人となり、さらにデータがある年次で最大の転入超過《ちょうか》数となる一九六三年（昭和三十八年）には一万三千三百七十七人と、炭鉱数がピーク時の年次と比べ実に七．五倍の数となった。

このように、一時期、北海道だけではなく日本の産業、経済を支えた石炭産業の衰《すい》退《たい》は、わが街札幌市を現在の大都市へと成長させた要因の一つなのであった。

三　北海道の政治風土《ふうど》と札幌

北海道は、時に「民主王国」、「革新《かくしん》王国」などと言われることがある。それは、国政選挙や主要な地方選挙において、旧民主党系の候補者が強い選挙区だからである。

振り返ると、初めて公選《こうせん》となった一九四七年（昭和二十二年）の北海道知事選挙では日本社会党が支援した田中敏文《たなかとしふみ》氏が当選し、その後三期十二年の間、知事の椅子を保守系に渡さなかった。田中《たなか》氏の後は、自民党が推す町村金五《まちむらきんご》氏、堂垣内尚弘《どうがきないなおひろ》氏がいずれも三期十二年知事の職を務めたが、堂垣内《どうがきない》氏の後の横路孝弘《よこみちたかひろ》氏の三期と堀達也《ほりたつや》氏の一期目の選挙を支援したのは当時の社会党だった。このように、北海道知事選は、自民党と民主党（旧社会党）系の勢力は拮抗《きっこう》しており、時々の情勢《じょうせい》により選挙結果は変わることがあった。

直近《ちょっきん》の国政選挙の結果に目を向けると、二〇一七年（平成二十九年）十月執行の第四十八回衆議院総選挙では、北海道では小選挙と比例代表をあわせ、二十名の当選者のうち、自民党九名、旧民主党系九名、公明党が二名であった。

旧民主党が政権与党を握った時ほどではないが、このように北海道は旧民主党系の候補者が他の県と比べて選挙に強いのである。

札幌市政では、どのような状況だったのか。

初代公選《こうせん》の札幌市長である高田富與《たかだとみよ》氏は札幌市議会議員の出身で、続く原田與作《はらだよさく》氏、板垣武四《いたがきたけし》氏、桂信雄《かつらのぶお》氏らは札幌市役所出身の市長であり、いずれも自民党が支援した。桂《かつら》氏のあとに市長となったのが、革新が推《お》した弁護士の上田文雄《うえだふみお》氏であった。上田《うえだ》氏は札幌市長を三期十二年務めたが、この間、自民党が札幌市議会の第一会派の座を譲《ゆず》って二番目となったこともあった。

上田《うえだ》氏の後は現在の秋元克広《あきもとかつひろ》市長であるが、秋元《あきもと》市長も自民党ではなく民主党の支援を受けて選挙に勝ったのである。

つまり、札幌市政も圧倒的な保守体制ではないのである。

このような政治風土《ふうど》は、どのような要因で築かれたのだろうか。

一つは、北海道は道外からの移住者により開拓が進められたことにあるのではないだろうか。

北海道外では、先祖代々その土地に生まれ育つなど、地縁《ちえん》関係が強い地域が多いのに対して、北海道は、古くからの居住者であっても明治以降の入植者《にゅうしょくしゃ》であり、歴史が浅く、地縁《ちえん》などの人間関係のしがらみが少ないことから、保守的な考えがあまり強くならなかったと思われる。さらに言えば、開拓を目的とした移住者《いじゅうしゃ》には、自主独立の精神があったことは容易《ようい》に想像でき、そういった意味で保守的というよりも革新的な考えを持った人たちが多いということも言えるだろう。あわせて、永く住み続けたその土地の名士などが選挙に出る、といった門閥《もんばつ》的な考えが育たなかったことも一因と言える。

また、先に述べたように北海道は歴史が浅く、明治になってから近代的な手法も取り入れながら開拓が進められてきたのだが、これらは官庁の主導によるものであり、北海道知事に相当する北海道庁長官も、第二次世界大戦が終わるまで官選《かんせん》によるものだった。そのため、公選《こうせん》に対する期待は大きく、それが保守勢力を敬遠する要因の一つにもなったのか、初の公選《こうせん》となった一九四七年（昭和二十二年）の北海道知事選では、先にも述べたように革新系の推《お》す田中敏文《たなかとしふみ》氏が勝利を収め、その後三期連続で知事を務めたのだった。

その田中《たなか》氏を応援したのは社会党であったが、田中《たなか》氏は当時、北海道職員であり、全道庁職員組合の初代委員長であった。役所の労働組合は、今でも旧社会党を支援する大規模な組織である。

この労働組合の影響力が強かったことも、現在の政治風土《ふうど》を築いた要因の一つに挙《あ》げられる。

そもそも北海道は、農業や漁業といった一次産業や炭鉱に代表される二次産業が主力産業であった。先に述べたように、炭鉱の数は太平洋戦争終了後にピークを迎えており、当然、鉱山で働く人たちも同じように増えていった中、終戦後の占領軍による財閥解体《ざいばつかいたい》や農地改革とともに、労働組合の結成も奨励《しょうれい》された。その結果、北海道でも炭坑で労働組合が結成されていった。

また、民間企業以外の労働者である公務員の存在も大きい。北海道の広大な土地とそこに住む人々を支えるためには、相応の数の公務員が必要になり、特に住民の生活に密着した業務、郵便、教育、一般行政を支える公務員の数は少なくなかった。

また、北海道の場合、地方の都市間の距離が道外とは違って長大であることから、本州のように民営鉄道は成熟せず、軌道《きどう》系の輸送等は国鉄（現ＪＲ北海道）に頼らざるを得ない状況であったため、国鉄の影響力は大きいものがあった。

これら、炭鉱や公務員、国鉄の労働者によって結成された炭労・自治労・郵政・北《ほっ》教《きょう》組《そ》・国労といった労働組合は、北海道では特に見逃せない存在であり、影響力を持っていたため、当然のように政治ともつながっていった。

その結果、考え方等に共通点の多い旧社会党と関係を強めていったのであった。

これが、北海道において旧社会党の革新系の力が強くなった要因だと思われる。

第二章　わが愛する札幌

一　藻岩《もいわ》の山頂で決意

青森県北津軽郡中里町《なかさとちょう》大字今泉《いまいずみ》。ここが私の生まれ故郷である。秋元《あきもと》札幌市長の父君の出身地である小泊《こどまり》村と合併して、今は中泊町《なかどまりちょう》となっている。母子家庭に育った私は、中学校を卒業後、中里《なかさと》営林署での森林調査や造林の仕事に従事していた。

その私が、最初に札幌を訪れたのは一九六四年（昭和三十九年）、まだ十八歳の初《しょ》夏《か》だった。十六歳年の離れた兄から札幌に来ることを勧《すす》められてのことである。

兄は終戦一年前に予科練《よかれん》に志願、広島県で終戦を迎えている。その後、警察予備隊（現在の自衛隊・真駒内《まこまない》）に入隊し、除隊後、十勝の鹿追町《しかおいちょう》出身の女性と結婚して、タイル職人として札幌で生計《せいけい》を立てていた。

兄夫婦は、母と折り合いが合わなかったことと、さしたる仕事もない津軽を脱出して、札幌市民となって十年を経過していた。私も札幌で暮らすことを勧《すす》められていたこともあり、その下見《したみ》も兼ねて札幌を訪《おとず》れたのである。

「六月の札幌祭りに来い」

返事を受け取った私は十三年振りに会う兄への思いと、まだ見ぬ札幌の街への期待から、胸をときめかせての旅立ちとなった。

函館までは小学六年生の修学旅行、職場での観楓会《かんぷうかい》で訪《おとず》れたことはあるが、さらに北へと向かう函館本線は未知の旅路《たびじ》である。

早朝、札幌の駅頭に降り立った。一九六四年（昭和三十九年）六月十四日、札幌祭りの宵宮祭《よいみやさい》が行われるその日である。

しんとして
幅廣き街の
秋の夜の
玉蜀黍《とうもろこし》の
焼くるにほいよ

かの石川啄木《いしかわたくぼく》が、こう歌った北国の街である。

兄・幸一は若い頃の面影《おもかげ》を残しながらも、一家の主《あるじ》として一段とたくましさが備わった感じだ。既に小学四年生の長女と、小学二年生の長男の四人家族であった。兄夫婦は十数年ぶりの私を精一杯、歓待《かんたい》してくれた。

北海道開拓の時代から時を告げる札幌時計台、札幌の街を南北に二分する大通公園、高さ百四十七メートルのテレビ塔、北大のポプラ並木等の名所を見て回った。

羊ケ丘《ひつじがおか》展望台ではジンギス汗《かん》に舌つづみを打った。見るもの、食べるもの、どれも新鮮で、感動の連続だった。

なかでも札幌祭りのハイライト・神輿渡御《みこしとぎょ》は華麗な〝平安絵巻《へいあんえまき》〟を見る思いであった。

神輿渡御《みこしとぎょ》は薄曇りの空から、こぼれ日がさしはじめた十六日午前九時、狩衣姿《かりぎぬすがた》の若者が先導して仮本殿《かりほんでん》前から緑深い円山の境内をくだった。

烏帽子《えぼし》、直垂姿《ひたたれすがた》の馬上の神官、愛くるしい稚児《ちご》行列、明治維新の当時をしのばせる勇壮な勤皇騎馬隊《きんのうきばたい》、それらに囲まれた三つの御所車《ごしょぐるま》が鼓笛隊《こてきたい》のリズムにあわせ、しずしずと進む。

札幌神社は、元々、開拓三神（大国魂神《おおくにたまのかみ》・大那牟遅神《おおなむちのかみ》・少彦名神《すくなひこなのかみ》）が祀《まつ》られていたのだが、この年の十月に明治天皇の御霊《みたま》をお迎えし、北海道神宮に昇格する。これが札幌神社の最後の祭典とあって、総勢七百人、延々三百メートルも続く神輿渡御《みこしとぎょ》は、例年にない華麗さを一層際立たせていた。

これを迎える沿道はどこも大変な人垣《ひとがき》だった。神輿《みこし》が進むにつれ、着飾った家族連れがどんどん増えるのである。

お祭りムードが最高潮に達したのが、日本武尊《やまとたけるのみこと》など七台の山車《だし》が神輿《みこし》行列をお迎えする北一条西十一丁目付近だった。人の波にもまれながら見た神輿渡御《みこしとぎょ》と例大祭《れいたいさい》に彩りを添える山車《だし》とが勢揃いした壮麗《そうれい》な光景は、今も脳裏に焼き付いている。

お祭りの余韻《よいん》も醒《さ》めやらぬその足で、私は藻岩山《もいわやま》に登った。山頂に立つと、眼下《がんか》には若々しい街があり、母なる川があって、はるか遠方にも美しい山並みが広がる。

私は藻岩《もいわ》の山頂に立ち、古い因習《いんしゅう》にがんじがらめにしばられた北津軽と違い、心が解き放たれる爽快《そうかい》な解放感を味わった。

ゆったりとした、おおらかさ。気宇《きう》壮大《そうだい》な大陸的風土と調和のある街。これこそが私の求めていた新天地ではないか。私の生き抜く街ではないか。

札幌の魅力に引き込まれ、身も心もふるえ、血のたぎる興奮《こうふん》を全身で感じた。

「決めた。私は札幌の人になる。」

家柄《いえがら》や格式を重んずる風習が未だに残り、これといった産業もない、北津軽からの脱出を、私は父なる山・藻岩《もいわ》の山頂で決めた。

二　理想都市・札幌

(一)　札幌市民憲章

わたしたちは、時計台の鐘がなる札幌の市民です。

元気ではたらき、豊かなまちにしましょう。

空も道路も草木も水も、きれいなまちにしましょう。

きまりをよくまもり、住みよいまちにしましょう。

未来をつくる子どものしあわせなまちにしましょう。
世界と結ぶ高い文化のまちにしましょう。

私が初めて札幌を訪《おとず》れた一九六四年（昭和三十九年）の前年、文化の日の十一月三日に制定されたのが、「時計台の鐘がなる」ではじまる札幌市民憲章である。市民憲章はそこに住む人々の総意をまとめた、いわば市民の憲法にあたる。それを定めたことは都市の体裁《ていさい》を整え、やがて我が国を代表する大都市へと飛躍《ひやく》する時期に差し掛かっていたことを示す。

事実、終戦後は二十二万人にすぎなかった札幌の人口が一九五五年（昭和三十年）に四十二万七千人と十年間で約二倍に達した。その後も人口の急上昇はとどまるところを知らず、一九六五年（昭和四十年）にはこれまた十年間で倍増し、七十九万五千人へと膨《ふく》れ上がっている。

私が、「札幌の人になる」と心にかたく誓った当時は戦後でも一、二を争う伸び盛りの時代であった。

それを物語るように、札幌市が発行した当時の広報誌「広報さっぽろ」を開くと、成長著《いちじる》しい札幌の姿が浮き彫りになる。

『道路づくりに全力をあげる。今年は道路緊急整備三ヵ年計画の二年目』(四月号)

『急ピッチで進む区画整理』『学校新築は三校、増改築三十八校』(六月号)

『市内の下水道計画図』(八月号)

『百万都市にそなえて、すべての家庭に早く水道を』(当時の普及率は五十七%)

『九月のおもな道路工事』(九月号)

『急ピッチで進む、ことしの街づくり』『進んだ道路工事』(十月号)

ざっとこんな具合で「広報さっぽろ」は毎号、必ず「建設工事トピックス」に多くの誌面《しめん》をさいていた。

札幌の街づくりは悪路《あくろ》の改善に努め、上下水道の普及、団地の造成、区画整理等々によって近代都市への脱皮をはかっていた。この頃から都市銀行の札幌支店開設、大型店の進出等が相次ぎ、駅前通りには五、六階建ての高層ビルが増え、躍進著《やくしんいちじる》しい成長都市の〝表情〟を見せ始めたのである。

(二)　オリンピックへの熱意

私が藻岩《もいわ》の山頂に立ち、「ここを〝ふるさと〟に」と心に誓った一九六四年（昭和三十九年）は、東京と大阪をわずか三時間で結ぶ夢の超特急・東海道新幹線が走り、「燃える、燃える、燃える、赤い聖火」とNHKテレビが伝えた若人《わこうど》の祭典・東京オリンピックが盛大に開催された。

一九六四年（昭和三十九年）は私にとっても、また札幌にとっても、飛躍《ひやく》を遂げる足がかりの年となった。

札幌は三年がかりで第十回オリンピック冬季大会の招致《しょうち》に取り組んできたが、この年の一月、IOC（国際オリンピック委員会）総会で〝札幌票〟が意外にふるわず、フランスのグルノーブルに開催都市が決定した。

しかし、その結果にひるむことなく、「オリンピック冬季大会が札幌に来るまで招《しょう》致《ち》活動をつづける」との決意をかため、第十一回大会（一九七二年）への立候補に動き出す。

時を経《へ》ずしての冬季オリンピックの再招致《しょうち》については賛否両論が渦巻いた。「世界の平和に寄与し、青少年に夢を与え、また札幌の街づくりを推進するために、ぜひ立候補を」と賛成派が主張すれば、「札幌の現状は道路、上下水道、教育施設など緊急課題が多い。冬季オリンピックよりも、これらの先決を」と反対派が反論する。

再招致《しょうち》をめぐる是非《ぜひ》論は十ヵ月余にわたって調査、検討が加えられたが、暮れも押し迫った同年十二月二十一日、原田與作《はらだよさく》市長は再立候補を決断し、議会に提案する。翌々日の本会議で賛成三十七（公政同志会、新陽クラブ、公明党）、反対十五（社会党、共産党）で可決され、ここに招致《しょうち》運動の再スタートが切られた。

「オリンピック冬季大会の招致《しょうち》に関する意見書」には、『冬季オリンピックの意義は、北海道の開発、観光事業の伸展《しんてん》、札幌市建設の推進に大きく寄与するところであり、青少年の心に希望の灯をともし、世界の平和と親睦を我が郷土において具現《ぐげん》し、ひいては札幌市民の福祉増進に寄与する』と記されている。

年の初めには冬季オリンピック招致《しょうち》に失敗しながら、十ヵ月余の議論を経《へ》て、暮れには再び立候補の名乗りを上げる。その粘り強さには学ぶところが多く、札幌にとっても、象徴的《しょうちょうてき》な出来事が起こった年である。

二年後には戦前からの悲願であった開催決定に漕《こ》ぎ着け、一九七二年（昭和四十七年）二月三日から十三日までの十一日間、三十五ヵ国の選手、役員一千八百名が集《つど》い、アジアで初の冬季オリンピック大会が開かれた。

あの宮の森シャンツェのポールに三本の日の丸がひるがえった光景は、今でも私の目に焼き付いて離れない。

札幌の街づくりにとっても、冬季オリンピックの開催が誤りでなかったことは今さら言うまでもない。

地下鉄南北線の開通、地下街オーロラタウン・ポールタウンの開業、都心部地域暖房、札樽《さっそん》バイパス、札幌新道の供用《きょうよう》開始等々の都市基盤整備が一挙に進み、一九七二年（昭和四十七年）四月には政令指定都市へと移行する。同時にホテル、デパート、高層住宅等の建設ラッシュが相次ぎ、札幌の街並みは見違えるように一新《いっしん》された。

「オリンピック開催によって、十年分の都市づくりを先取《さきど》りした」そう言われるのも当然である。札幌の第一次黄金期《おうごんき》を築いたのだから。

三　大陸的風土

(一)　急成長のわけ

明治以前の札幌は広大な原始林におおわれ、日中は熊や鹿、狐、狼等が駆《か》け巡《めぐ》る未開の原野《げんや》であった。和人《わじん》の定住者は一八五七年（安政四年）に二戸七人、開拓使が設置された当時でさえ数百人、一八七五年（明治八年）に最初の屯田兵《とんでんへい》が琴似《ことに》に入植《にゅうしょく》した時点でも二千人にすぎなかった。

しかし、先人たちは未開の大地に鍬《くわ》を入れ、過酷《かこく》な自然を血と汗と涙で切り拓《ひら》き、一九四〇年（昭和十五年）の人口が二十万六千人に達する。札幌はここに函館を追い抜き、北海道第一の都に躍り出たのである。

第二次世界大戦末期には、戦禍《せんか》を逃れて札幌を離れる者が増え、一九四四年（昭和十九年）、一九四五年（昭和二十年）と一時的に人口が減少したものの、終戦後には復員、引き揚げ、ベビーブーム、産業活動の回復等によって戦前にはみられない急カーブを描いて上昇する。

終戦後、二十二万都市にすぎなかった札幌は一九五五年（昭和三十年）、一九六五年（昭和四十年）と十年サイクルで倍増を続け、一九七〇年（昭和四十五年）の国勢調査で百万都市の仲間入りを果たした。

この期間に急成長を遂げた背景は、全国的な人口の都市集中はもちろんのこと、他に札幌ならではの特別な事情がある。

札幌の成り立ちについては第一章に述べたが、一九五〇年（昭和二十五年）七月の白石村《しろいしむら》を皮切りに、一九五五年（昭和三十年）三月に琴似町《ことにちょう》、札幌村《さっぽろむら》、篠路村《しのろむら》と合併した後、一九六一年（昭和三十六年）五月には豊平町《とよひらちょう》、一九六七年（昭和四十二年）三月には手稲町《ていねちょう》を相次いで合併したことによって、市域面積を四倍増の一千百十八平方キロメートルまで拡大した。

もうひとつはエネルギー産業の変革である。一九六二年（昭和三十七年）に十八鉱、一九六三年（昭和三十八年）に二十一鉱もの道内炭鉱が閉山し、それらの離職《りしょく》者《しゃ》の大半が札幌市に流れ込んだ。

札幌の人口はこれらを主因《しゅいん》に急増したが、一九七五年（昭和五十年）以降になると、増加数は鈍化《どんか》傾向に転ずる。それでも、自然増加（出生数と死亡数の差）がマイナスとなる一方で、近年は社会増加（転入数と転出数の差）が再び増えていることもあり、五千人前後のペースで成長を続けている。

開拓の鍬《くわ》を入れてから、わずか百五十年、札幌は世界のどの国にも例をみない短期間のうちに人口百九十六万人を擁する全国屈指の大都市へと飛躍《ひやく》した。この間、先進都市であった広島、福岡、川崎、北九州、神戸を追い越し、一九八三年（昭和五十八年）五月には遂《つい》に京都をも追い抜き、今や全国第五位にランクされる。

(二) 巡《めぐ》る春夏秋冬

『日本列島を人間の体の例に例えると、北海道はその頭にあたり、積雪、低温、低湿の気候は頭脳を明晰《めいせき》にし、かつ忍耐強い人柄を養成する。』

北海道開発の父とうたわれる故黒澤酉蔵《くろさわとりぞう》氏はこう語ったが、まさに札幌はその風土にぴったりである。

冬の札幌は十二月から三月までの平均気温が軒並み氷点下を記録し、ピークは二月のマイナス五．二度。十一月下旬には早くも根雪となって白一色の街並みに変わる。厳しい長い冬も、三月頃から西高東低の気圧配置がゆるみはじめ、平年だと、三月二十九日に根雪《ねゆき》の終日を迎える。春は晴天の日が多く、街はさわやかな緑につつまれる。

本州では四月から六月にかけて季節を追うように順次、草花が咲くが、札幌は初夏の一時期に一斉に咲き乱れる。まさに百花繚乱《ひゃっかりょうらん》、一年のうちで最も華《はな》やかで魅力的な季節だ。梅雨前線《ばいうぜんせん》による、じめじめした長雨もほとんどなく、やがて夏が到来する。盛夏《せいか》といっても、八月の平均気温が二十二．九度。朝晩は気温が下り、さわやかな夏を過ごせる。稀《まれ》に三十度を超えるが、続いても一週間くらいだ。

九月になればひと雨降るごとに冷え込み、十月には初霜《はつしも》の便りが聞かれる。初夏に草花が一斉に咲き乱れたように、ゆく秋を惜しむ樹々の紅葉《こうよう》もまた、一斉に色づく。そして初雪《はつゆき》と、札幌の春夏秋冬はめぐる。

忍耐強く、たくましく、頭脳を明晰《めいせき》にする、この札幌の素晴らしい四季の移ろいに、私は強い愛着を感ずるのである。

㈢　開かれた自主独立の精神

札幌は創建《そうけん》以来、新しい理想都市を自らの手で建設してきた。その開かれた自主独立の精神はただ荒地を耕《たがや》す開拓だけでなく、新しい技術や文化を先取りする風土をも生み出してきた。

第一は、全国に先駆《さきが》けて最先端の技術を導入し、あらたな産業を興《おこ》したことである。

一八八〇年（明治十三年）には京浜《けいひん》、阪神に次いで全国三番目の鉄道が小樽《おたる》の手宮《てみや》まで開通し、一八八二年（明治十五年）には幌内《ほろない》まで延長された。開拓使が普及に努《つと》めたプラウなどの洋式農具は、一八七五年（明治八年）に早くも製造され、翌一八七六年（明治九年）にはビール工場、ブドウ酒醸造《じょうぞう》所なども稼働している。

第二に、昨今の北方圏交流のルーツとなる国際交流が活発だったことである。

一八七一年（明治四年）、米国農務長官のホーレス・ケプロンをはじめ測量、土木のワーフィールド、農業のエドウィン・ダンらの一大スタッフを招聘《しょうへい》し、それらの技術や指導によって開拓を進めた。

一方、女子五名を含む二十名以上の留学生を一八七一年（明治四年）と一八七二年（明治五年）に、米国、ロシア、フランス等に派遣し、北海道開拓の指導者として養成している。

一八七六年（明治九年）に、北大の前身である札幌農学校の教頭にマサチューセッツ州立農科大学学長のウイリアム・スミス・クラークを迎えた。

在札期間は八ヵ月と短かったが、別れを惜《お》しむ農学生にむかって、『ボーイズ・ビー・アンビシャス』と馬上《ばじょう》から語り掛けた言葉はあまりにも有名だ。

クラークのこの「少年よ、大志をいだけ」の精神は、札幌農学校の生徒のみならず、広く人々の心を打ち、今でも札幌市民の精神的支柱となっている。

困難に真っ向から立ち向かい、明日を切り拓《ひら》くたくましい心と体、感性豊かで活気あふれる自主独立の精神こそ、札幌ならではの精神風土である。

㈣　人情豊かな人と風土

今から約百六十年前の一八五七年（安政四年）に七人の住民しかいなかった札幌が急激な都市化を遂げ、今や二百万人に迫る人口を抱える。

一般的には都市化と言えば交通渋滞《じゅうたい》、公害の発生、治安の悪化、スラム化等の深刻な問題が起き、マイナスのイメージが必ずつきまとう。しかし、札幌に限って言えば、深刻な都市問題に直面することなく今日を迎えている。その背景を「札幌市政概要　平成元年版」では次の三点に集約する。

① 札幌市がその創建《そうけん》から、都市計画による街づくりを推進し、無秩序な拡散を防いだこと。また、自然条件として可住地が大きく、人口収容能力が高いこと。

② 北の商都、消費都市として発展してきたため、公害が少ないこと。

③　十年を先取《さきど》りしたといわれる、オリンピックを契機とした都市基盤施設の急速な整備と、政令指定都市移行に伴う資金調達面でのメリット。

札幌市は開拓の当初から果敢《かかん》な自主独立の精神をいかんなく発揮し、大胆な都市計画を進めてきたが、その進取《しんしゅ》に富《と》む街づくりが快適な都市形成と市民生活を実現してきたのである。

私が札幌市議選で初当選した年の二年前となる一九八九年（平成元年）十月に市民一千人を対象に実施した「市政世論調査」でも、当時のその傾向がはっきりと読み取れる。

札幌に対する愛着度では「好き」が八十三・八％、「どちらかといえば好き」が十五・一％で計九十八・九％に達した。しかも東京の愛着度が七十・三％、大阪が八十八・二％、名古屋が八十六・一％にとどまり、他の大都市にはみられない高率を示す。

好きな理由としては「緑が多く自然が豊か」（三十七・二％）、「季節感がある」（二

十九．五％）、「街並みが整然としている」（二十七％）、「街に活気がある」（二十六．五％）の順となっている。

一方、「札幌に住みつづけたくない」の回答はわずか三．八％にすぎなかった。最新の市民意識調査（二〇一八年（平成三十年）一月実施）でも、札幌への愛着度が「好き」「どちらかといえば好き」の合計は九十三．七％であり、三十年前よりは若干ポイントを落としてはいるものの、なお高い割合である。

好きな理由では「公共交通機関が整備されている」（二十六．八％）、緑が多く自然が豊か」（二十五．一％）、「四季の変化がはっきりしていて季節感がある」（二十一．四％）、「官庁、学校、商業施設、病院が集中していて便利」（十八．八％）の順であり、時の流れ、都市の発展とともに様変わりしているが、「札幌に住みつづけたくない」との回答はわずか二．四％と、三十年前よりもさらに下がっている。

札幌を好み、一生住み続けたい市民が百％に近いことは札幌の街づくりを誰もが高く評価するからに他ならない。

人情《にんじょう》味《み》があって、進取《しんしゅ》の気風に富《と》む街。
自然豊かで、都市景観がすばらしい街。
働きやすく、暮らしやすい街。
芸術、文化、教育が活発で、情報や交通の拠点である街。
国際交流が盛んな街。
札幌の、その人と風土を、私は何よりも愛す。

第三章　歴代市長と札幌市政

一　歴代市長の軌跡

札幌市政の始まりは、一九二二年（大正十一年）八月一日である。明治、大正、昭和、平成とそれぞれの時代において道都札幌の建設とかじ取りを担った市長の任務はもとより重責《じゅうせき》であり、幾多《いくた》の困難を乗り越えてきた、そのご苦労は察して余りある。

初代市長は高岡直吉《たかおかただよし》氏、第二代は橋本正治《はしもとまさはる》氏、第三代は三澤寛一《みさわかんいち》氏と続き、現在の秋元《あきもと》市長は第十代の市長である。近代において、札幌市発展の基礎を築いたのは、第五代の高田富與《たかだとみよ》氏、第六代の原田與作《はらだよさく》氏、第七代の板垣武四《いたがきたけし》氏の三市長であると今に伝わる。

この三市長の礎を築いたともいえるのが、官選最後となった第四代市長の上原六郎《うえはらろくろう》氏である。上原《うえはら》氏は札幌出身であり、日本大学卒業後は、東京市の収入役や総務局長を歴任した後、一九四五年（昭和二十年）八月から一九四六年（昭和二十一年）十一月まで札幌市長を務めた。

短い在任期間ではあったが、戦後の復興、そして将来の札幌市政に備えて人材の確保・育成に尽力した結果、のちに第六代市長となる原田與作《はらだよさく》氏を東京市役所から、第七代市長となる板垣武四《いたがきたけし》氏を三菱電機神戸製作所から、またのちに助役となった小塩《こしお》進作《しんさく》氏を農林省から招聘《しょうへい》するなど、札幌の人的基盤づくりに力を注いだとも言われている。この政策は、初代の満鉄（南満州鉄道株式会社）総裁であった、かの東京市長、後藤新平《ごとうしんぺい》氏が藩閥《はんばつ》や学閥《がくばつ》などにとらわれない独自の人材登用を行った故知《こち》に倣《なら》ったとも言われ、第五代市長の高田富與《たかだとみよ》氏も後に助役となって板垣《いたがき》市長を支えた赤井《あかい》醇《あつし》氏を鉄道省から、同じく平瀬徹也《ひらせてつや》氏を満鉄からと、将来幹部職員となる人材を外部から招聘《しょうへい》・登用した。

その高田富與《たかだとみよ》氏は初の民選市長であり、三期十二年在任。一八九二年（明治二十五年）、福島県いわき市に生まれている。十歳の時、札幌に移住して、北海道師範学校を卒業。七年間の地方教員を経て、中央大学専門部に入学。司法試験に一回でパスして札幌市で弁護士を開業。弁護士のかたわら、一九三〇年（昭和五年）から三期十二年間札幌市議会議員を務めている。

札幌市長就任は、戦後の混乱が続く一九四七年（昭和二十二年）四月で、札幌市はまだ人口二十五万人の中規模都市だった。

市長退任直後の昭和三十四年五月から二期四年六カ月間、衆議院議員を務めた。

戦後の混乱期を乗り越えた手腕と業績は高く評価されている。

多数の校舎の建設、反対を押し切って強行した南四条通りの拡幅《かくふく》、円山動物園や中央卸売市場《おろしうりしじょう》の開設などはその一部だが、バランスの取れた執行機関と議決機関の基礎を固めたのも高田《たかだ》市長であり、戦後の札幌市の土台を築いた市長と言われている。

高田《たかだ》市長のあとを受けたのが、上原《うえはら》・第四代市長に招聘《しょうへい》されて札幌市に来た原田《はらだ》與作《よさく》氏で、札幌市の助役からの転身である。

原田《はらだ》氏は、札幌師範学校、日本大学を経て東京市役所に入り、終戦後に東京市役所で上司だった上原《うえはら》第四代札幌市長に請《こ》われて札幌市役所へと移った後、一九五九年（昭和三十四年）から三期十二年間、札幌市長を務めた。

原田《はらだ》氏は、東京・札幌と上司だった上原《うえはら》氏同様、市役所内に多く残る戦前の古い体質の市役所職員では、新しい地方自治の担い手《になて》になりえないことから、自分が招聘《しょうへい》されたように新しい人材を札幌に招聘《しょうへい》した。

また、原田《はらだ》氏は健全な財政を考慮《こうりょ》しながらも長期的な展望でまちづくりを進めるべく、一九七一年（昭和四十六年）に二十年後を目標年次とした「札幌市長期総合計画」を策定した。

その後、第七代の板垣《いたがき》市長時代には「新札幌市長期総合計画」と「第三次札幌市長期総合計画」、第八代の桂《かつら》市長時代には「第四次札幌市長期総合計画」が策定されたように、原田《はらだ》市長時代に策定された長期総合計画は、その後の札幌のまちづくりには欠かすことのできない基本路線となったのである。

原田《はらだ》氏は、冬季オリンピック招致《しょうち》に政治生命を懸《か》けた市長でもある。詳細は第二章に書いたとおりであるが、著しい人口増加に対応する都市基盤の整備に対し、様々な手法を用いて国費の投入を受けたが、なお追いつかないインフラ整備を一気に進めるための手段として、冬季オリンピック大会の招致《しょうち》に乗り出した。それは、札幌の観光を世界に紹介するためでもあるとともに、都市基盤整備が進んだ首都クラスの大都市で開催される夏季オリンピックと違って、スキー場のある山間部の小都市が開催都市となる冬季オリンピックを開催することでスポーツ施設のみならず都市基盤の整備も同時に行うという、他に例を見ない新しい考え方から来たものだった。

このように、札幌のまちづくりにとっても、冬季オリンピックの開催が誤りではなかったことは今さら言うまでもない。

また、豊かな財政基盤のもとであれば、強いリーダーシップを持った優《すぐ》れたかじ取り役を選ぶ必要はないが、札幌はサービス業が大半を占める消費都市であり、特徴的な地場産業や大企業があるわけではないので、財政力は強くない。その限られた財源を活用し、知恵を絞《しぼ》ってまちづくりを進めるために、先人たちは人材の確保・養成とともに、先を見通した長期的な戦略、長期総合計画を立てたのである。

第十回大会の招致《しょうち》には失敗したが、再度目指した第十一回大会の招致《しょうち》を果たした原田《はらだ》市長の後を引き継いだのが、第七代市長の板垣武四《いたがきたけし》氏である。

冬季オリンピックの開催によって、札幌市は国際都市の仲間入りを果たし、一九七二年（昭和四十七年）には政令指定都市に移行するなど、最も華やかで充実した時代の市長として、五期二十年間、札幌市政に貢献した。

板垣《いたがき》市長時代の功績については、第四章の「一　戦略と人脈で再び黄金期《おうごんき》を」で詳述《しょうじゅつ》するが、この高田富與《たかだとみよ》氏、原田與作《はらだよさく》氏、板垣武四《いたがきたけし》氏の三代の市長によって、国際都市としての基盤を完成させたことは今も語り草となっている。

私が札幌市議会議員に初当選を果たしたのは、板垣《いたがき》市長が引退し、その後継者として桂信雄《かつらのぶお》市長が誕生した一九九一年（平成三年）四月である。よって、私は板垣《いたがき》市長と市政を共にすることはなかったが、先輩議員諸氏によると、板垣《いたがき》市長は札幌市役所の秘書課長、助役から市長に登りつめたのだが、民間企業から市役所へと転じたその経歴が示すように、根っからの役人堅気《かたぎ》ではなく、実に人間臭い政治家そのものの側面があったという。

あの能吏然《のうりぜん》とした容貌《ようぼう》からは、全く想像のつかない一面でもあるが、目的や政策実現のためには、時には自らが先頭に立ち、与野党問わず、相手には条理を尽くすという繊細な部分もあって市議会議員などへの根回しは怠《おこた》らなかったという。一方では当時の堂垣内《どうがきない》北海道知事、北海道選出の地崎宇三郎《ちざきうさぶろう》・元運輸大臣との政治的な絆《きずな》も有名である。

板垣《いたがき》市長の後は、同じく市役所出身の桂《かつら》市長、次は弁護士出身の上田《うえだ》市長、そして市役所出身の現在の秋元《あきもと》市長へと続く。

桂《かつら》市長は板垣《いたがき》市長のまちづくりを継承していったのに対し、上田《うえだ》市長のまちづくりは緊縮《きんしゅく》財政のもと、乾いた雑巾《ぞうきん》を絞《しぼ》るような市政を進めた結果、市内経済は疲弊《ひへい》していった。これを感じ取っていた秋元《あきもと》市長は、再び公共投資も活用した経済活性化によるまちづくりを行うといった違いがある。

次項以降では、桂《かつら》・上田《うえだ》・秋元《あきもと》の三市長について詳述《しょうじゅつ》して違いを明らかにしていく。

二　桂《かつら》市政は躍動《やくどう》の時代

板垣《いたがき》後継として市長の椅子に座ったのは、桂信雄《かつらのぶお》市長である。板垣《いたがき》氏とは打って変わって大の政治家嫌いであったと、我々の間では定評があった。長年、札幌市役所職員として財政部長、北区長、教育長、助役《じょやく》と札幌市の中枢を歩んだ経歴から見ても、市長としての存在感は申し分なく、実際、その後の市政運営は手堅《てがた》く、札幌市の第一次黄金期《おうごんき》を完成させた市長である。

私が思うに、国会議員や他の政治家が市政に介入することを嫌ったのは、桂《かつら》氏の性格がそうさせたのだろうが、市政運営に相当の自信があった事と、板垣《いたがき》時代からの流れ、計画の延長線上のまちづくりを進める事で、充分に市政の発展が見通せたからではなかっただろうか。つまり、他の政治家の手を借りずとも、市政運営を軌道に乗せることが出来たからだと思う。

それは、その後のまちづくりの実績を見てもよく分かる。私は、札幌市議会議員の初当選が桂《かつら》市長と同期で、初期の三期十二年は桂《かつら》市長時代と重なる。

思えば、最も躍動《やくどう》した時代であった。世界の音楽家たちにも愛される札幌コンサートホール「Ｋｉｔａｒａ《キタラ》」、北海道の施設ではあるが、スポーツだけではなくイベントでの利用も多い北海道立総合体育センター「きたえーる」が完成した。

また、一九九四年（平成六年）には、市内で三路線目の地下鉄東豊《とうほう》線が大通《おおどおり》駅から福住《ふくずみ》駅まで開通し、この「きたえーる」も地下鉄直結となり利便性が高まった。そして、地下鉄の当初計画の営業五十キロは最終区間の清田《きよた》までの延伸を残すのみとなった。

極《きわ》めつけは、札幌ドームの完成である。一九九六年（平成八年）、北海道の地に初のプロサッカーチーム「北海道コンサドーレ札幌」が誕生し、プロサッカーの人気に火が付くと、サッカーの世界大会であるＦＩＦＡワールドカップが二〇〇二年（平成十四年）に日本と韓国の共催となった際に、その会場の一つとして札幌ドームが完成したのは、二〇〇一年（平成十三年）だった。

この札幌ドームは、サッカーのみならず野球での利用も可能とする多目的利用が可能な施設であったことから、プロ野球の日本ハムファイターズは札幌を拠点《きょてん》とする「北海道日本ハムファイターズ」として、新たなスタートを切ったのである。このことは、掛《かか》って桂《かつら》市長の功績である。

また、札幌ドームの完成は、スポーツのみならず芸術文化などのあらゆるイベントを開催する大規模な多目的施設として、国内のみならず国際的にも注目される札幌の新たな顔となった。

このように、桂《かつら》市長時代である平成の初めの頃は、国の公共事業を中心とした総合経済対策に呼応して、道路や地下鉄などの都市基盤整備に加え、文化・スポーツ施設の整備など市民生活の質を高める公共施設が相次いで整備された。

札幌市の財政面から数字でみても、桂《かつら》市長時代の一九九一年度（平成三年度）から二〇〇二年度（平成十四年度）までの三期十二年間における普通建設事業費は、年平均一千九百十八億円にのぼった。特に、一九九四年（平成六年度）から一九九九年度（平成十一年度）までの六年間は二千億円規模を維持し、一九九六年度（平成八年度）には過去最大の二千二百三十四億円となった。一番少ない二〇〇二年度（平成十四年度）でも、一千四百九十二億円であり、後述する上田《うえだ》市長時代とは大きな差がある。

一方で、借金ともいえる市債《しさい》残高が桂《かつら》市長時代の十二年間で約二倍の一兆三百四十四億円に膨《ふく》らんだことも事実ではあるが、さまざまな公共施設の整備、いわゆる公共投資は札幌の経済に活力を与えたことも間違いなく、まさに躍動《やくどう》の時代であった。

三　上田《うえだ》市政は停滞《ていたい》の時代

次の三期十二年間の上田《うえだ》市政は、全く真逆《まぎゃく》の「停滞《ていたい》の時代」であった。弁護士で市民運動家でもある上田《うえだ》市長は、借金返済のいわゆる緊縮《きんしゅく》財政が売りで当選した市長である。確かに借金返済は悪いことではない。しかし、行き過ぎた緊《きん》縮《しゅく》財政は、経済活動や市民生活を委縮《いしゅく》させてしまう。バブル崩壊《ほうかい》後の不況が続く中、国政においては小泉《こいずみ》政権時の「三位一体《さんみいったい》の改革」、さらには民主党政権が「コンクリートから人へ」というスローガンのもとに、大幅な公共事業縮減を行った時期である。国政と地方行政がそろって緊縮《きんしゅく》財政を貫《つらぬ》いたらどうなるか。

事業者の倒産、廃業《はいぎょう》が続き、失業者の増加や技術者の育成にも大きな支障を来《き》たし、都市としての発展はおろか、予算の削減によって除排雪や道路整備など市民生活にも悪影響を与え続けた。唯一、大通《おおどおり》から札幌駅までの地下歩行空間の開通を、上《うえ》田《だ》市長は自《みずか》らの成果とアピールしているものの、これは、もともと桂《かつら》市長の時の計画であって、工事の着工直前に市長交代となった時期の産物である。しかも、上田《うえだ》市長はこの事業の是非《ぜひ》を改めて市民に問うとして、市民アンケートを実施し、その結果を受けてから着工した。つまり、計画は桂《かつら》市長時代の物だったが、改めて賛否を問うて着工したのだから自分の判断であり自分の実績だとしたのである。そのあおりを受けて着工は二年も遅れ、開通したのは二〇一一年（平成二十三年）三月、あの東日本大震災の起こった時だった。

公共事業予算の削減は、さまざまな形で市民生活に影響を与えた。

札幌市内のある土地所有者が「土地の一部を道路用地として札幌市に寄付したい」と市に申し出た時のことだ。この場合、余程《よほど》のことがない限り寄付を受理し、遅くともその翌年には測量に入り、その後、道路工事の設計積算、工事発注、着工と進むはずであり、寄付者も、当然、札幌市は喜んで受理してくれるものと期待していたとのことである。

ところが、返事は「二年間、寄付を待ってほしい。」とのことであった。その理由は、「寄付を受けたら、用地を確定するために測量をしなければならないが、今は予算が無いので寄付を受けられない。」というものであったらしい。そこまで予算削減のしわ寄せが及んでいたということであり、これらに携《たずさ》わる各事業者は仕事量が大幅に削減されている事を如実《にょじつ》に示しているのである。

それに加え、もし寄付者が札幌市が手をこまねいているうちに考えが変わったり、その土地が相続されることになってたくさんの地権者に権利が分かれて移ったりしたら、手続きは複雑になって場合によっては寄付そのものを受けられなくなり、道路整備が出来なくなることは、過去の例からしても充分あり得ることである。

このような状況から、測量業者においては業務量の削減によって廃業《はいぎょう》や倒産に追い込まれた例が増加している。他の業種も同様であった。

実際に、上田《うえだ》市政時の公共事業費はどうであったか、二〇〇三年度（平成十五年度）から二〇一四年度（平成二十六年度）の三期十二年間の普通建設事業費を見てみると、年平均八百三十五億円となっている。

一九七二年（昭和四十七年）の政令指定都市移行後に整備した公共施設の老朽化への対応や災害対策の需要《じゅよう》増から、三期目の二〇一四年度（平成二十六年度）には十年ぶりに一千億円台に戻ったものの、前任の桂《かつら》市長時代の年平均一千九百十八億円と比べると、半分以下に大きく落ち込んでおり、特に上田《うえだ》市長二期目となる二〇〇七年度（平成十九年度）には、六百四十八億円と桂《かつら》市長時代で最大だった一九九六年度（平成八年度）と比べると実に三分の一近くという驚くべき金額である。

当時、国の三位一体《さんみいったい》改革により地方財政が厳しさを増す中、上田《うえだ》市長は公共事業費と市債《しさい》残高の削減に重点を置いた結果であり、確かに借金である市債《しさい》残高は大きく減らすことができたことについては否定するものではないが、公共事業の削減により多くの建設業者が市内での仕事に窮《きゅう》し、経営に行き詰まった結果、市内の経済も停滞《ていたい》した。

議会でも、景気対策を何度も訴《うった》えたが、上田《うえだ》市長は理解を示さず、公共投資よりも借金の圧縮に力を注いだ。

私は、こうした上田《うえだ》市長の緊縮《きんしゅく》財政一点張りの市政運営に強い危惧《きぐ》を抱いていた。民主党政権下での政治的・経済的混乱に加え、市政の停滞《ていたい》がもたらした経済活力の低下が、市民生活にそのまま反映されていくのが目に見えたからである。

この先四年間、このまま緊縮《きんしゅく》財政を続けられたら、営々と築いた札幌の街づくりと発展はどうなるのか。そう考えると気が気でなかった。

このようなまちづくりの考え方の決定的な違いから、上田《うえだ》市長三期目となる市長選には、自民党札連として上田《うえだ》市政に対抗するため、当時総務省官僚であった本間奈々《ほんまなな》氏を擁立《ようりつ》して戦うことにしたのである。

しかし、本間《ほんま》氏の出馬が決まったのは、市長選前年の暮れも差し迫った十二月であった。選挙戦まで三ヵ月しかなかった。当然、出遅れは明白であったのに加え、全く予想もしなかった出来事が起こった。

二〇一一年（平成二十三年）三月十一日に発生した東日本大震災である。日本中が大混乱に陥った。とても市長選を戦う情況ではなかった。結果は敗北であった。こうして、上田《うえだ》市政の停滞《ていたい》の時代は三期十二年間続いたのである。

さらにその後の市長選でも、再び本間《ほんま》氏を擁立して戦ったのだが、結果はまたも惨《ざん》敗《ぱい》であった。選挙戦の詳細については、いつの日か明らかにしたいと思うが、ここでは紙幅《しふく》の都合からも論評は避けることにする。

四　秋元《あきもと》市政は新たな始動の時代

上田《うえだ》市長の後を受け継ぎ、第十代の札幌市長に就任したのは、秋元克広《あきもとかつひろ》市長である。

秋元《あきもと》市長は、札幌市役所出身で、生粋《きっすい》の行政マンであった。一九七九年（昭和五十四年）に札幌市に採用され、北区役所を振り出しに、主に企画、秘書畑を歩み、南区長、市長政策室長、副市長と市役所の中枢を経験したキャリアは、どこか桂《かつら》市長と似ている。堅実、着実、加えてバランス感覚は抜群と、評価は高かった。何より、腰の低さでは定評があった。

ただ、札幌市議会での我々の立場は、野党であった。私は、その市議会自民党議員会の会長に就《つ》くことになり、異例ではあるが四年間会長の任を引き受け、現在に至《いた》っている。

秋元《あきもと》市長は、元々我々自民党とは同方向の考えの持ち主であり、市政運営においては我々とそれほど隔《へだ》たりはなく、そのため、この四年近くの間、自民党は野党の立場ではあるもの、是々非々《ぜぜひひ》で議会に臨《のぞ》んでいる。

結果として、だいたいにおいて秋元《あきもと》市長の市政運営には賛成してきた。当初、秋元《あきもと》市長には上田《うえだ》後継としての行政執行に心配していたが、それは今のところ見当たらない。このことは、市民にとっても我々にとっても歓迎すべきことである。

斯《か》くして、秋元《あきもと》市政はスタートしたのだが、急務だったのは停滞《ていたい》した市政を建て直すことであった。とにかく疲弊《ひへい》した経済を立て直さなければならなかった。そのために着手したのが、事業費の見直しであった。

市長就任の二〇一五年（平成二十七年）に中期実施計画として「札幌市まちづくり戦略ビジョン・アクションプラン二〇一五」を策定すると、計画を具現化《ぐげんか》すべく、様々な事業を行っていく。

さっぽろプレミアム商品券の発行、交差点の排雪実施などの除排雪のレベルアップ、市電のループ化開業、民間企業の本社機能の札幌移転誘致《ゆうち》促進、白石区複合庁舎をはじめとする各種公共施設の建設、保育所定員の一千人以上の増員、子ども医療費の小学二年生まで無料化拡大、などといった経済面や市民生活面に直結する事業や公共建築物の整備など、積極的に事業を展開している。

　これらをはじめ、就任一期目の四年間での主な事業やイベントの開催誘致《ゆうち》などを拾いあげてみると、前任の上田《うえだ》市長が三期十二年間で実施した件数に肩を並べている。秋元《あきもと》市長が、上田《うえだ》市長と違って積極的に公共事業等の展開に取り組んでいることがよく分かるデータである。

　また、財政面でも比較してみると、秋元《あきもと》市長は札幌創世スクエア内の市民交流プラザや新中央体育館の建設など、都心の大型開発事業などに力を入れ、市長就任後の三年間の普通建設事業費は、年平均一千七十八億円の予算を組んでおり、毎年一千億円規模の事業費を維持している。これは、上田《うえだ》市長時代の年平均額八百三十五億円と比べて、およそ三割も増額した予算であり、それを続けているのである。

　ただ、建設事業自体は増えても、これを受けられる事業者がいない現状もある。それは、上田《うえだ》市長時代に行われた緊縮《きんしゅく》財政により、公共事業が減った際に多くの事業者が倒産や廃業《はいぎょう》してしまったためであり、上田《うえだ》市長時代の悪影響は、現在も強く残っている。

以上のように、秋元《あきもと》市長は持ち前のバランス感覚で停滞《ていたい》していた札幌市内の経済を再び盛り上げるべく市政を運営しているが、経済の立て直しには、我々と同じ考え方、手法により行われている。

五　市長と議会の二元代表制《にげんだいひょうせい》

これまで、歴代市長の違いについて述べてきたが、市長と私が属する議会の関係性について述べていく。

市長は、地方公共団体、札幌の長であり、行政を運営する執行機関のトップである。そして、その自治体の住民が直接選挙することが憲法で定められている。

市長は、行政の運営のために約一万四千人の職員を動員することができ、さらに市役所という組織を統率《とうそつ》し、業務を分担のうえ、それぞれが専門的に担当する業務を遂行することにより、人口百九十六万人、面積一千百二十一平方キロメートルの大都市札幌の隅々《すみずみ》まで行政サービスを行き渡らせている。

一方、議会は憲法で地方公共団体に意思決定機関として設置することと、構成員である議員は市長と同じく住民による直接選挙が定められている。

つまり、議会制民主主義を具現化《ぐげんか》するべく、憲法で定められた機関である。住民の選挙で選ばれる点は市長と同じであるが、国会において内閣総理大臣が選ばれる議院内閣制ではなく、二元代表《にげんだいひょう》制である。

議会では、市長が提出した予算や条例などの議案を審議《しんぎ》して議決するほか、議会自身が意思表示する方法として意見書の提出や決議を行うほか、議員自らが条例案を提出することなどもある。

よく、市長と議会は対等の関係と言われ、議会の市長不信任議決権と市長の議会解散権など、地方自治法の中にもお互いをけん制し合う権限が定められているが、実はその立場には様々な差がある。

いくつか例を挙《あ》げると、まずスタッフの数の違いである。

市長には、先に述べたように約一万四千人の職員がおり、市長の号令のもと、様々な問題について研究・対応していく。対する議会には、議会運営をサポートする機関として議会事務局が置かれているが、所属する職員は札幌の場合で三十七人しかおらず（他都市も大きくは変わらない）、また、国会議員のように公費で秘書を置けるわけでもなく、議員が個人的にスタッフを雇って補佐させたとしても、市長の抱えるスタッフの数とは圧倒的な開きがある。その分、議員には個々の政策力や行動力などの高い資質が求められる。

また、議会には、議会を代表する議長がいるものの、議会を開催する招集権は議長ではなく市長が有する。ある条件下では議長も招集できる場合があるが、基本的には市長に招集権があり、議員（議会）側が自主的に開催することは、例外的な規定によるものであり、この一事をもっても市長と議会の力（権力）関係が対等ではないことが分かる。

さらに、議会が決定できることは地方自治法に列記されたものと条例で定めた事件に限定されており、何でも議決の対象にできるわけではない。それに対し、市長には議会のように権限が制限的に列挙されているわけではないことから、議会が市長のやることに対して決定できる範囲は限られているのである。

また、議会への議案提出権は議会を構成する議員にもあるが、例えば予算案などは市長の専任《せんにん》事項であり、議員からの提出はできないといった面もある。

このように、市長と議会はどちらも住民から直接選挙で選ばれる職でありながら、その環境、権限には大きな差異がある。

しかし、一つ共通して言えるのは、市長も議会も目指している方向は、地方自治法にもあるように住民福祉の向上、表現を変えれば住みよいまちをつくることであり、市長の考えたものが納得のいくものであれば、議会もそれに賛成する、納得がいかなければ修正を求めることもあれば、時には真《ま》っ向《こう》から反対する。

それは、先にも触れた三市長時代において、我が自民党が賛成する場面もあれば反対する場面もあったことにつながるのである。

このように、市長と議会の関係性がどういうものであるか、まずはご理解いただきたいのである。

第四章　新たなまちづくり

一　戦略と人脈で再び黄金期《おうごんき》を

(一)　一九七二年札幌冬季オリンピック開催がもたらしたもの

札幌百年の大計は、一九七二年（昭和四十七年）板垣《いたがき》市長時代に開催された札幌冬季オリンピックで完成されたといっても過言《かごん》ではない。札幌のまちづくりは、冬季オリンピックの開催によって、十年は早まったと言われてきた。しかし、よく考えるとそれだけにとどまらない。何せ、名だたる建物や道路、河川、上下水道など、市民生活にかかわる主な施設整備がこの時期に一気に集中している。無論《むろん》、地下鉄もそうである。

私は、一九六五年（昭和四十年）に札幌市民となり、一九六九年（昭和四十四年）に結婚しているが、転入届も婚姻届も市役所で手続きを済ませている。その頃の市役所は現在の中央区北一条西二丁目ではなく、札幌グランドホテル近くの同区北一条西四丁目にあった。その後、オリンピック開催と同時期に政令指定都市に移行し、現在の市役所や各区役所が建設されている。

その他の施設整備や公共事業に着目すると、札幌市で初めての地下鉄が真駒内《まこまない》・北二十四条間で開通したのをはじめ、市内唯一の空港である丘珠《おかだま》空港の拡張、都心部や選手村が整備された真駒内《まこまない》地区における地域暖房、国道七路線や道道十三路線、市道二十路線といった市内の主要幹線道路の整備等が行われた。

他にも、豊平峡《ほうへいきょう》ダムや白川《しらいかわ》浄水場といった水道関係、創成川下水処理場と道路整備に関連した下水道整備など、街のインフラ整備は飛躍的《ひやくてき》に進んだ。また、大倉山・宮の森のジャンプ競技場といった競技施設や、ＮＨＫ放送センターなどの通信関連施設、計三十五件のホテルの新・増改築が進められた。

また、札幌市が直接ではないが、月寒《つきさむ》にあった旧北海道立産業共進会場は旧農林省、真駒内《まこまない》アイスアリーナは旧建設省、月寒《つきさむ》体育館は旧文部省、旧北海道厚生年金会館は旧厚生省といったところの予算が使われているが、これらは全てオリンピック絡《がら》みの事業である。

㈡　オリンピック招致を成功に導いた人々

これらの事業や施設整備がスムーズに行われた背景には、堂垣内尚弘《どうがきないなおひろ》氏の存在は欠くことが出来なかったという。堂垣内《どうがきない》氏は、北海道開発庁の開発局長、事務次官を経て一九七一年（昭和四十六年）北海道知事に就任、三期十二年間務《つと》めている。

堂垣内《どうがきない》氏は札幌市のよき理解者であったと言われる。長年、北海道開発庁のパイオニアとして、大所高所《たいしょこうしょ》から物事を見てきた堂垣内《どうがきない》氏が北海道知事に就任したことは、札幌市にとってこの上ない貴重な人的財産であった。

丁度《ちょうど》その頃の札幌市長は、原田《はらだ》、板垣《いたがき》の両市長である。堂垣内《どうがきない》北海道知事と、道都札幌の板垣《いたがき》市長が名コンビと謳《うた》われたのは、掛かってその人柄と札幌市の良き理解者であり、板垣《いたがき》市長もまた役人らしからぬ政治家的要素が強かったからである。冬季オリンピック開催に向けて、まさに阿吽《あうん》の呼吸であった。

加えて、北海道スキー連盟会長で経済界を代表する伊藤義郎《いとうよしろう》氏をはじめとした経済人、地崎宇三郎《ちざきうさぶろう》・元運輸大臣などの政治家等の各人、各代表が額を寄せ合い、見事な連携《れんけい》プレーで難事《なんじ》を次々と解決し、冬季オリンピックを成功に導いたことで、ここに札幌のまちづくりが、後に黄金期《おうごんき》と言われる発展を遂《と》げることが出来たのである。

札幌冬季オリンピック招致《しょうち》運動の歴史は古く、始まりは第二次世界大戦前に遡《さかのぼ》る。一九三六年（昭和十一年）のＩＯＣ総会で、一九四〇年（昭和十五年）開催予定の第十二回夏季オリンピックの開催地に東京が選ばれた。これに歩調を合わせるかのように、一九三八年（昭和十三年）三月に一九四〇年（昭和十五年）の第五回冬季大会の札幌開催が決定された。

しかし、一九三七年（昭和十二年）に始まった日中戦争の最中ということもあって、国内外で日本での開催反対が叫ばれたことを背景に、わずか四ヶ月後の同年七月に東京大会ともども開催を返上した。幻のオリンピックである。

その後、再び札幌開催を目指し、第十回大会の招致《しょうち》は果たせなかったが、引き続き招致《しょうち》活動をつづけ、一九七二年（昭和四十七年）に第十一回大会が札幌で開催されたことは、既に記してきたとおりである。

このオリンピックとともに忘れてはいけない冬季の競技大会が札幌にあるので、これに触れておきたい。

(三) 宮様スキー大会国際競技会

それは、宮様《みやさま》スキー大会国際競技会である。

この競技会は、札幌で毎年開催されており、北海道を訪れた秩父宮雍仁親王《ちちぶのみややすひと》が北海道に適したスポーツとしてスキーをお勧《すす》めになられたことがきっかけとなって、一九三〇年（昭和五年）に第一回大会が開催された。

第三回大会からは、ジャンプ競技の舞台として大倉山シャンツェが利用されるようになったが、このシャンツェ建設も、秩父宮雍仁親王《ちちぶのみややすひと》のお勧《すす》めによるものであった。

札幌冬季オリンピックの二年後の一九七四年（昭和四十九年）には、ＦＩＳ（国際スキー連盟）公認の競技会、国際大会となって今日に至っており、札幌に根差したこのスキー大会が、オリンピックの招致《しょうち》、開催に大きく寄与したことは間違いなく、現在も続いていることには感慨《かんがい》深いと同時に、誇りを感じている。

宮様《みやさま》大会は、平成最後の年となる二〇一九年（平成三十一年）三月に第九十回大会を迎える。その十年後には百回となるが、冬季オリンピック・パラリンピック札幌開催が二〇三〇年に決定されれば、その前年の宮様《みやさま》大会の記念すべき第百回大会がオリンピック・パラリンピックのプレ大会となるのである。

㈣　計画的まちづくりの系譜

冬季オリンピックとまちづくりを成功させた裏には、確かな戦略があった。第一に、高田富與《たかだとみよ》氏、原田與作《はらだよさく》氏、板垣武四《いたがきたけし》氏と受け継がれた歴代市長が、将来を見据《みす》えた先取《さきど》り行政に徹し、計画的なまちづくりを進めた結果であった。その代表例が、三次にわたる札幌市長期総合計画の策定と五年ごとに区切った実施計画の策定である。長期総合計画により、およそ二十年間の進むべき都市像を描き、それに向けての着実な、しかも財政的な裏付けのある五年ごとの実施計画によって進取《しんしゅ》に富《と》む都市形成と快適な市民生活を実現させたのである。

さらには、一九七二年（昭和四十七年）当時、官民合わせて二千百億円の投資を行い、建設業を中心に四千二百億円の生産波及効果をもたらした冬季オリンピックの開催と、政令指定都市への移行による資金面でのメリットなども、札幌市のまちづくりに大きく貢献した。

加えて、公害の少ない消費都市としての発展や高度経済成長の追い風といった幸運にも恵まれたのである。

また、別章で述べたように、一九二二年（大正十一年）八月一日の市政施行以来、十回にわたって市域を拡大し、現在では全国の七百九十一市中、十六番目ながらも一千百二十一平方キロメートルの広大な市域面積を有しており、新住民をなんなく飲み込んできたことも見逃せない側面であろう。

そして、高田《たかだ》、原田《はらだ》、板垣《いたがき》各市長の系譜《けいふ》を受け継いだのが桂信雄《かつらのぶお》市長である。その功績については別項で述べたが、まさに躍動《やくどう》の時代であり、札幌の黄金期《おうごんき》を完成させたのである。

しかし、誠に残念なことではあるが、発展の系譜《けいふ》はここで途絶えることとなった。桂《かつら》市長のあとの上田《うえだ》市政の誕生によって停滞《ていたい》の時代を迎えることとなったからである。流れがストップしたのである。

そして、次なる秋元《あきもと》市政の誕生である。私は、これを系譜《けいふ》の復活とみた。秋元《あきもと》市長は、板垣《いたがき》、桂《かつら》、上田《うえだ》の三市長に仕えた市役所生え抜きの市長である。何が市政にとってプラスかマイナスかを知りぬいた市長でもある。幸いにも、我々自民党とは思想的にも政策的にも同方向の考えの持ち主である。

㈤　二〇三〇年札幌冬季オリンピック・パラリンピック招致へ

札幌冬季オリンピックの開催から約五十年、当時整備された施設も老朽化のため、一斉にリニューアルの時期を迎えている。そして今再び、札幌冬季オリンピック・パラリンピック招致《しょうち》活動が始まっている。

二〇三〇年の札幌開催を望んでの招致《しょうち》活動だが、予断《よだん》は許さない。是非《ぜひ》とも招致《しょうち》を成功させたいものであるが、その際に重要なのは過去の例に学ぶこと、戦略と人脈を用いることである。

冬季オリンピック・パラリンピックの開催は、札幌再生と第二次黄金期《おうごんき》を築きあげる絶好のチャンスである。しかし、単なる再生、単なる施設のリニューアルであっては、二十一世紀の黄金期《おうごんき》は到来《とうらい》しない。新たな創造都市の建設をやり遂《と》げてこそ、二十一世紀の黄金期《おうごんき》、すなわち五洲第一の都が完成するのである。

二　札幌ドーム周辺の整備

(一)　現時点での札幌ドーム周辺の整備計画

これまで述べてきたように一九七二年（昭和四十七年）の札幌冬季オリンピックの開催は、百万都市札幌の都市機能整備を加速する起爆剤《きばくざい》となった。同じように、二〇三〇年の冬季オリンピック・パラリンピックの札幌開催は、二十一世紀の札幌の魅力を全世界に発信する機会であると同時に、新たなまちづくりを進めるまたとないチャンスとなる。

札幌市がこれまで作成してきた開催計画書では、競技施設については可能な限り現在あるものを活用することを基本としながらも、競技施設のリニューアルや新設などいくつかの大規模施設整備が盛り込まれている。

札幌ドーム周辺のスポーツパーク化、選手村設置に合わせた真駒内《まこまない》地区の再開発、共進会場跡地《あとち》へのＩＢＣ（オリンピックの際の国際放送センター）設置のための施設整備、北海道新幹線の札幌延伸に合わせたＪＲ札幌駅周辺地域など都心の再開発、さらには、創成川通の都心アクセス機能強化などが主なものである。

この中で最大規模のものが札幌ドーム周辺のスポーツパーク化であるが、現在の札幌ドームの敷地の東側の農業試験場用地を取得し施設整備を行い、大会期間中はオリンピックパーク、女子アイスホッケー会場、日本代表選手のリカバリー拠点などとして運用するが、大会終了後は、オリンピックパーク跡地《あとち》を商業施設・アウトドアレクリエーション拠点として、女子アイスホッケー会場は現在の月寒《つきさむ》体育館の後継施設として、日本代表選手のリカバリー拠点については、冬季版総合ナショナルトレーニングセンターを核としたアスリートの強化・育成拠点として供用する計画となっている。

私は、この計画自体は、長期にわたるまちづくり戦略に基づくものというよりも、むしろ、札幌市として冬季オリンピック招致《しょうち》の意思表明とともに、関係者への説明と調整のために作られた暫定版《ざんていばん》とも言うべきものであり、最低限必要な実現可能性の高い、堅実《けんじつ》なことに絞《しぼ》って作られたものではないかと捉《とら》えている。言い方を変えれば、二十一世紀の札幌のまちづくりの最重要プロジェクトとして考えた場合、やや期待外《きたいはず》れの感がある。

(二) 次の時代を見据えた整備のあり方を考える

私は、この札幌ドーム周辺地域の再整備が、二十一世紀の札幌の浮沈《ふちん》を占うものであると考えている。日本全体の高齢化と人口減少が続く中、地域経済の縮小と活力の低下が懸念《けねん》されているが、札幌もその例外ではない。そのような中でいかに地域経済を活性化し、都市の機能を維持していくかが最重要課題となる。

一九七二年（昭和四十七年）の札幌冬季オリンピックの時代は、日本の人口は急激に増加しつつあり、高度経済成長期と言われた時代である。良好な住宅地開発と上下水道、道路、地下鉄などの都市インフラの整備を行い、定住人口の受け入れ環境を整備することによって、人口の増加に比例して都市規模も経済も急速に拡大した時代である。そして、その起爆剤《きばくざい》となったのが冬季オリンピック開催であった。

しかし、当時とは異なり人口減少と高齢化が進む今の札幌で都市活力を生み出すためには、何が必要なのかを十分考える必要がある。

当時と今とで大きく異なるものがもう一つある。それは国際化の進展度合《しんてんどあ》いである。当時の札幌は、日本という小さな島国《しまぐに》の北のはずれにある島の一地方都市に過ぎず、冬季オリンピック開催のニュースを通じて初めてサッポロの名前を耳にした世界の人々も多かったことは想像に難《かた》くない。それが、今では国際的な観光都市、観光地として札幌、北海道は不動の地位を確立するに至っている。

㈢　北海道の国際観光地化

国、北海道、札幌市のいくつかの調査データをご紹介するが、まず、日本政府観光局が発表している訪日外国人観光客数を見ると、札幌冬季オリンピックの開催された一九七二年（昭和四十七年）は約七十二万人であったのが、二〇一六年（平成二十八年）には二千四百万人と、約三十三倍に増加している。

北海道経済部が発表している訪日外国人来道者数（実人員）の一九九七年（平成九年）は（調査開始がこの年からであり、それ以前のデータはない）約十二万人であったが、二〇一七年（平成二十九年）には二百七十九万人と、約二十三倍に増加している。

さらに、札幌市経済観光局が発表している札幌市内の外国人観光客宿泊者数は、一九九七年（平成九年）に約九万人であったのが、二〇一七年（平成二十九年）には約二百五十七万人と、約二十八倍に増加している。

それぞれの調査で、調査対象も調査手法も違うことから、これらの数値の相互比較は難しいが、数値の伸び率に着目すると、日本政府観光局の訪日外国人観光客数の一九九七年（平成九年）数値が約四百二十二万人であり、一九九七年（平成九年）から二〇一六年（平成二十八年）の間は約六倍の伸び率にとどまっている。これに対して訪日外国人来道者数の伸び率が約二十三倍、札幌市の外国人観光客宿泊者数が約二十八倍という飛躍的《ひやくてき》な伸び率を示しており、ここ二十年ほどの間に急速に北海道の国際観光地化が進んできたことが窺《うかが》える。

　また、ニュース等でご存じのことと思うが、倶知安町《くっちゃんちょう》ニセコ地区はスキーリゾートとしての魅力《みりょく》に加え、ラフティングなどの夏のアクティビティに対する評価も高まりつつあり、外国人観光客が増えるだけでなく、海外資本による高級ホテル建設などの投資が集中し、地価《ちか》上昇率が全国一となっている。さらに、ホテルや飲食店などの観光産業の集積により地域の雇用の拡大が進んでいる。定住人口だけが都市の活力のバロメーターではなく、観光客を含めた交流人口の増大が地域の活力を生み出す典型的な成功例となっている。

　ニセコでの投資の主力になっているのは、いわゆる香港マネーや中国マネーであり、これまで「都市間競争の時代」という言葉が良く使われ、企業誘致《ゆうち》の際の立地企業に対する補助金や優遇措置《ゆうぐうそち》などにより地域間でしのぎを削る場面が見受けられてきたが、その競争は、今や日本国内にとどまらず、国際的な都市間競争の時代に入っているのである。

　このように人もお金も国境を越えて動くこの時代に、改めて冬季オリンピックを開催する意義、そしてそのオリンピック施設を大会終了後も有効利用していくためには何が求められるかを考えてみたい。

㈣　オリンピック開催の意義を改めて考える

私は、札幌ドーム周辺地域の整備に当たって最も基本となる考え方は、「オリンピック精神を象徴《しょうちょう》する場としての機能を持つこと」、「世界の人々にとって魅力的《みりょくてき》で、かつ、交流できる場であること」、「世代を超えたすべての市民にとって価値のある場であること」の三つであると考える。

そもそもオリンピックの持つ意義、その精神とはなんだろう。オリンピックの起源《きげん》と近代オリンピックについては、ＪＯＣ（公益財団法人日本オリンピック委員会）のホームページで解説されているので、そこからご紹介する。

近代オリンピックは、ご存じのとおりフランスのピエール・ド・クーベルタン男爵が世界平和を究極の目的としたオリンピック復興《ふっこう》を提唱し、度《たび》重なる戦乱に疲弊《ひへい》していた世界中の国々の賛同を得ることに成功し、一八九六年（明治二十九年）、オリンピックのふるさとであるギリシアのアテネで第一回大会が開催された。

　この近代オリンピックの手本となったのは古代ギリシアで行われていた「オリンピア祭典競技」、いわゆる古代オリンピックである。当時のギリシアではポリス（都市国家）同士の戦乱が絶えることがなかったが、宗教的に重要な意味のあったオリンピアの祭典には、戦争を中断してでも参加しなければならないため、ギリシア全土においてオリンピアの祭典期間中は休戦する協定が結ばれた。これが「聖なる休戦」であり、競技者や観客がギリシア全土からオリンピアに集まるために、当初は一ヵ月だった聖なる休戦の期間は、最終的に三ヵ月ほどになったといわれている。オリンピックが平和の祭典と言われるのも、ここからきていると言えよう。

　このように創設当初から他のスポーツ大会とは一線を画《かく》すオリンピックであるが、オリンピック憲章には、七つの「オリンピズムの根本原則《こんぽん》」が定められているが、そこではオリンピック精神を次のように説明している。

「オリンピズムは、肉体と意志と精神のすべての資質《ししつ》を高め、バランスよく結合させる生き方の哲学である。オリンピズムはスポーツを文化、教育と融合させ、生き方の創造を探求《たんきゅう》するものである。その生き方は努力する喜び、よい模範《もはん》であることの教育的価値、社会的な責任、さらに普遍的《ふへんてき》で根本的な倫理規範の尊重《そんちょう》を基盤とする。」（オリンピック憲章二〇一七年版　英和対訳版より抜すい）

(五)　大会終了後もオリンピックのレガシーを伝える場に

一九七二年（昭和四十七年）の札幌冬季オリンピック開催から四十年余を経て、オリンピックによってもたらされた都市基盤施設の充実は、札幌を今日の百九十六万都市へと発展させた。また、世界的な知名度の向上により世界から観光客を迎える日本有数の都市となっている。しかし、その一方で、当時のオリンピック施設は老朽化が進み、オリンピックのレガシー（遺産《いさん》）が市民の目に見える形では残っていない残念な状況にある。二度目の開催となる今回こそ、このオリンピック精神が有形無形《ゆうけいむけい》を問わず、大会終了後も市民に引き継がれていくことを目指さなければならず、札幌ドーム周辺地区がその象徴《しょうちょう》的な場所として機能していくことが必要である。

二〇一四年（平成二十六年）のＩＯＣ総会で発表されたオリンピック・アジェンダ

2020では、「持続可能性」と「レガシーの継承《けいしょう》」の二つが重要な評価項目としてクローズアップされたところである。また、二〇一四年（平成二十六年）に札幌市がJOCに提出した開催提案書では、この要請《ようせい》に応えるべく、次の五つの基本理念を打ち出しているところである。

・札幌・北海道の豊かな自然と都市機能を活かす
・雪を楽しむ北国らしいライフスタイルを次世代へ継承《けいしょう》する
・パラリンピックを契機《けいき》に新たな時代に対応した、すべての人にやさしい豊かな暮らしを創出する
・札幌・北海道の魅力とウィンタースポーツの力で世界から人々を惹《ひ》きつける
・既存資源を活かし、次世代に過度な負担を残すことなく、環境にも配慮《はいりょ》した持続可能な大会の実現を目指す

この基本理念に照らして、改めて現段階での札幌ドーム周辺地域の整備計画を見た時に、いくつか物足りない点が見えてくる。

もう一度先ほど引用したオリンピックの精神を見てみよう。オリンピズムは、「生

き方の哲学」であり、「スポーツを文化、教育と融合《ゆうごう》」させ、「教育的価値、社会的な責任、さらに普遍的《ふへんてき》で根本的《こんぽんてき》な倫理規範の尊重《そんちょう》を基盤とする。」とある。オリンピックが単なるスポーツの祭典ではなく平和の祭典と呼ばれる所以《ゆえん》がここにある。

一九七二年（昭和四十七年）のオリンピックのために建設された施設の多くは、オリンピック精神を象徴《しょうちょう》する施設として今日も活用されているとは、残念ながら言い難《がた》い。唯一の例外と思われるのは大倉山ジャンプ競技場である。ラージヒルのジャンプ競技施設として通年で使用されているだけではなく、市内を一望《いちぼう》できる展望施設としても活用され、現在はオリンピック・ミュージアムも併設され、市内有数の観光地となっている。このようにスポーツ施設としての機能にとどまらず、そこで人々の交流が生まれるような施設として維持され、一九七二年（昭和四十七年）のオリンピックのレガシーを今日に伝えている。

このような考え方で札幌ドーム地区の将来的なあり方を考えた時、現在の計画にあるような活用方策にとどまらず、トレーニングに適した夏季の冷涼な気候を活用した通年のスポーツ拠点化や、日本の高度な医療のスポーツ分野への活用によるスポーツ先進医療センター機能を持つような場所とすべきであると考える。そのように日本の強みを生かした施設とすることで、国内だけではなく、アジアの拠点となる施設を目指すべきである。そうすることによって、世界の人々にとって魅力的《みりょくてき》で、かつ、交流できる場となるのである。

また、健康な身体づくりのための栄養学や食育に関する機能を取り入れていけば、まさにスポーツを通じて健康に生きることを体現《たいげん》する場所となる。そして、それらの先進的な機能を生かして、スポーツ医学の知見を活かした高齢者のリハビリテーション機能や、青少年期の子どもたちの食育やトレーニング指導の拠点機能などを併せ持てば、世代を超えたすべての市民にとって価値のある場であることが可能となるのである。そして、そのような拠点が札幌にできることが、将来的な夏季オリンピック招致のための礎《いしずえ》となると考えている。

㈥　人々の交流を支える足の確保

さらに、私は、この主要施設間の重要交通結節点《けっせつてん》のバリアフリー化を含めた移動のための手段の確保が重要な課題であると考えている。一九七二年（昭和四十七年）の札幌冬季オリンピックとの大きな違いは、オリンピック・パラリンピックの同時開催であるということである。これを交通の面から見ると、大会関係者だけで数千人規模、観客まで含めると数百万人の大会参加者の移動手段をどう確保するかという量の問題であると同時に、さまざまな障害を抱える人たちが安全かつ快適に移動できる環境を整備するという質の問題でもある。

情報通信手段の発達した今日、オリンピックも家のテレビで十分楽しむことができ、インターネットですでに終わった試合を自分の都合のいい時に後で見るということも可能になった。しかし、オリンピック・パラリンピックの招致《しょうち》の意義は、アスリートたちの姿を生で見る。会場の空気を肌で感じるということに尽きるのである。このため、例えば、車いすの方が札幌ドームへの移動が困難だから閉会式を見に行けない、などということはあってはならないのである。

大会開催の際に、最も多くの人が通過するのはJR札幌駅であることは論《ろん》を待たない。海外や道外からの関係者と観客のほとんどは、新千歳《しんちとせ》空港からJRで、または新幹線で札幌入りするからである。しかし、これらの人は時間的には分散しており、さらに、そもそも大量輸送に十分堪えられるキャパシティを持った施設を利用することから、大きな問題は生じない。

課題となるのは札幌市内での移動手段である。そもそもキャパシティのそれほど大きくない施設に、大会スケジュールに合わせて短時間に多くの人が集中するからである。

大会期間中、札幌市内ではいくつかの会場で分散して競技が行われる予定であるが、最も多くの人が集まるのは開・閉会式と女子アイスホッケーが行われる札幌ドーム地区であると予想されている。また、地下鉄福住《ふくずみ》駅には共進会場跡に設置されるIBCを利用する関係者の利用も集中すると予想されている。オリンピック期間中の集中する人の流れを円滑にさばき、パラリンピック期間中には札幌ドームまでのバリアフリー動線《どうせん》を確保しなければならないが、地下鉄福住《ふくずみ》駅から地上に出て、札幌ドームまでの約八百メートルを徒歩で移動しなければならない現状でははなはだ困難であると言わざるを得ない。

㈦ 地下鉄東豊線の再整備～新たな交通軸の形成

このため、札幌ドーム周辺地域の整備に当たっては、地下鉄東豊《とうほう》線の延伸（札幌ドーム駅の新設）が欠かせないと考える。また、先に述べたように札幌ドーム周辺地域を大会終了後もスポーツと健康づくりの重要拠点とし、札幌のライフスタイルの情報発信の拠点として世界からの人々を迎える場とするならば、新千歳《しんちとせ》空港、北海道新幹線札幌駅、丘珠《おかだま》空港からのさらなる円滑なアクセスを確保することが重要である。

札幌の地図を見ると一目瞭然《いちもくりょうぜん》であるが、千歳《ちとせ》方面から札幌都心に向かう道央自動車道は、北広島インターを過ぎたあたりから都心を迂回《うかい》するように北上しており、大《おお》谷地《やち》、北郷《きたごう》を抜け、北三十四条の札幌インターに至《いた》っている。都心の環境や景観《けいかん》形成を考慮し、都心部に高架道路を造らないというのが当時の方針であったためである。しかし、その弊害《へいがい》として高速道路から都心へのアクセス性の悪さが長年の懸案《けんあん》となっており、今、札幌インターから都心への創成川アクセス道路の整備が急がれている状況である。

そこで改めて地図を見てみると、新千歳《しんちとせ》空港からの最短のアクセスルートは北広島インターから北上せずに、そのまま国道三十六号線に乗り入れて都心に向かうルートであることに気付く。かつてそういう案も検討されたことがあったが、国道三十六号線が飽和《ほうわ》状態で、かつ、ルート上に高架道路を架けるには支柱を設置するための幅員《ふくいん》が取れないため、案としてはお蔵《くら》入りとなった。

しかし、まったく発想を変えて道央自動車道から地下鉄東豊《とうほう》線へのアクセス道路を作り、公共交通機関である空港連絡バスを地下鉄トンネル内に乗り入れさせることは十分可能ではないだろうか。

東豊《とうほう》線の延伸を札幌ドームからさらに清田《きよた》区役所周辺まで伸ばせば、北広島インターまでの距離は約三キロである。地下鉄南北線の真駒内《まこまない》方面と同様に地下鉄トンネルを地上に出し、駅を高架駅とすれば、三キロ程度のアクセス道路を整備するだけで道央自動車道と同一平面での接続が可能となる。空港からの連絡バスが都心部の渋滞を避け、地下鉄東豊《とうほう》線のトンネル内を走行して都心に乗り入れるのである。

何を荒唐無稽《こうとうむけい》なことを言っているのかと呆《あき》れている方もおありだろうが、地下鉄建設当時は想定していなかった変革が自動車では進んでいることを思い出して欲しい。

それはハイブリッド車や電気自動車の普及と急速に進みつつある自動運転技術の実用化である。百％電気自動車であれば地下鉄の電車と同様に排気ガスを出さず、引火《いんか》性の高い燃料を積んでいないので、地下鉄トンネル内を走行しても安全管理上の問題は生じない。また、自動運転技術が実用化されれば、トンネル内で地下鉄と併走《へいそう》することもあながち無理ではない。因《ちな》みに、内閣府が二〇一七年（平成二十九年）に発表した「戦略的イノベーション創造プログラム」では、二〇二〇年をめどにレベル３※、二〇二五年をめどにレベル４※の自動運転技術の実現を目指す目標を掲げている。

※　レベル３「条件付自動運転」緊急時《きんきゅうじ》にドライバーが適切に応じるという条件で、高速道路の運転などの特定の状況に自動車のシステムが全ての運転操作を行う。走行環境の監視や車線変更の判断などはシステムが行うため、人間は運転者席に座って監視している状態で済む。

※　レベル４「高度な自動運転」非常時に自動車からの運転切り替えの要請《ようせい》にドライバーが応じられなくても、特定の運転モード（例えば時速六十キロ以上の高速

運転など）ではシステムが運転操作を行う。無人運転可能な完全自動化ではないが、運転者が席に座っていない状況でも走行可能。

もちろん、このような整備を行うためには莫大《ばくだい》な経費を要し、さらに、開業後の利用客が伸び悩み、赤字経営が続けば、交通局ひいては札幌市の財政を圧迫することは重々承知《じゅうじゅうしょうち》の上である。であるからこそ、札幌ドーム周辺の整備は、オリンピック・パラリンピック開催に必要な最小限の整備ではなく、広くアジア圏の人々が集まるような機能を持った場所としなければならないのである。

さいわいにして、札幌ドーム東側の国有地は約六十ヘクタールあり（現在の札幌ドーム敷地の約二倍）、中核となる施設を国や道の協力も得ながら札幌市が整備し、商業施設や医療施設等については民間活力も導入しながら整備を進めれば、世界レベルでの集客交流機能と北海道らしい豊かな自然環境、美しい景観《けいかん》を併《あわ》せ持ったエリアとすることが可能と考える。

また、丘珠《おかだま》空港へのアクセスの改善のために地下鉄東豊《とうほう》線栄町《さかえまち》方向の延伸を行えば、新千歳《しんちとせ》空港～札幌ドーム周辺地区～都心（札幌創世一・一・一区地区）～北海道新幹線札幌駅～丘珠空港《おかだま》という、海外、日本国内の各地域、北海道内の各都市をつなぐ新たな交流のための動線が生まれることとなる。

実現に向けて解決しなければならない技術的・制度的課題はあるだろう。

しかし、かつて島義勇《しまよしたけ》がコタンベツの丘に登り、何もない平野を見て**「四通八達宜しく府を開くべし　他日五洲第一の都」**と詠《えい》じたが、これはまさしく「四通八達」の府《ふ》の実現であり、「他日」ではなく今後十年程度で十分実現可能なことであると私は考えている。

三　新幹線開業で札幌の新たな顔を

㈠　札幌駅新幹線ホーム

北海道新幹線札幌駅のホームが、現在のＪＲ札幌駅の東側に創成川をまたぐ形で設置される案、いわゆる「大東案《おおひがし》」に変更されたが、この変更は札幌の今後の発展のための大きなチャンスとなると私は考えている。

二〇一六年（平成二十八年）に新青森～新函館北斗間が開業した北海道新幹線は、二〇三〇年度末の札幌開業が予定されている。北海道新幹線は、札幌まで延伸されてこそ整備効果が発揮されるものであり、道民・市民は一日も早い札幌開業を望んでいる。そして、札幌開業は、札幌のまちづくりを一歩も二歩も先へ進める大きな原動力となる。

当初、札幌市は新幹線駅ホームの位置を現駅《げんえき》案にこだわっていた。長年、現駅《げんえき》案を想定したまちづくりを進め予算を投入しており、駅周辺の企業や関係者にも、そう説明してまちづくりに協力して貰《もら》っていたからである。また、ホームが東側になった場合、現駅《げんえき》から遠くなることも反対の理由であった。

札幌の表玄関とも言われるのがＪＲ札幌駅である。札幌のまちづくりは、札幌駅を基点に、地下鉄南北線に沿って進められてきた。大通までの地下歩行空間もその考え方で整備されている。

私は、二十一世紀のまちづくりを完成させる要素と成り得るのは、北海道新幹線の札幌までの開業と、冬季オリンピックを再び札幌で開催することだと常々《つねづね》考えてきた。それも単に、リニューアル的な発想ではなく、新たな大胆なまちづくりを展開して、世界に誇るべきものでなければならない。

私は現在、札幌市議会議員として七期目で八期目を目指している。しかし、ベテラン議員ともなれば、あまり議会での登壇《とうだん》はない。なるべく若手の議員に代表質問などの発言の機会を経験してほしいからである。だが、何もしないで手をこまねいている訳ではない。むしろ若手を交《まじ》えた勉強会を主宰《しゅさい》、市職員と議論したり、時には国会議員も加わったり、国の関係機関の人たちとも同じように意見交換をしている。

私は元々、新幹線の駅ホームを東側にできないものかと考えていた。こう言えば付《つ》け焼刃《やきば》のように思われるかもしれないが本当のことである。私は、二〇一六年（平成二十八年）から二〇一八年（平成三十年）三月まで北海道科学大学大学院で都市計画を学び、修士《しゅうし》課程を修了《しゅうりょう》したが、今も研究員として在籍している。市街化調整区域の有効活用を研究テーマとしており、都市計画とは深い関わりがある。

従って、担当教授とは都心のまちづくりについても意見交換し、指導を受けるのだが、新幹線札幌駅ホームの位置についても自分の考えを述べたことがある。その時、まちづくりの観点からはホーム位置は創成川を越えた場所に設置されることが望ましいということで、教授と私の考え方は一致していた。

先に述べたように、札幌のまちづくりは札幌駅を基点に、地下鉄南北線に沿って進められてきた。東側はテレビ塔側の創成川までである。そのため、創成川以東は、私が札幌市民になって五十余年にもなるのに、手付かずと言ってよい状態であり、議会でも再三にわたり再開発の必要性が叫ばれながらも、余りにも大規模開発ゆえに、札幌市独自では乗り出すこともできず後回しになっていたのである。

それを解決するには、新幹線の札幌までの開業が最大のチャンスでもあるのだが、現駅《げんえき》案の計画は、私が市議会議員になる以前から水面下では決まっており、それを前提としたまちづくりがすでに動き出していたことから、私が口を挟める余地はないものと思い込んでいた。

しかし、チャンスは思わぬ形で飛び込んできた。長谷川《はせがわ》岳《がく》参議院議員から、ＪＲ北海道の幹部と会ってほしいと連絡があったのである。それは、二〇一八年（平成三十年）二月上旬のことである。長谷川議員は、地方議員との協力関係を重視しており、道議会議員に対してもさることながら、道都札幌の市議会議員に対しても同様であった。私が、札幌から国への要望などで相談ができる、信頼のおける国会議員の一人でもある。

私は、長谷川《はせがわ》議員同席でJR北海道の幹部とお会いした。用件はそのものズバリ、新幹線駅ホームを大東《おおひがし》案にすることであった。札幌の将来を含め、大東《おおひがし》案とするメリットを説く言葉は、熱を帯びていて、その内容は、私の心に強く響いたのである。

私はその日、JR関係者と会うことを事前に札幌市幹部に伝えており、大東《おおひがし》案になった場合の懸念《けねん》や心配事も事前に聞いていた。しかし、JR側の説明は、それらのすべてを払拭《ふっしょく》できるものであった。私は翌日早朝に、そのことを市幹部に伝えた。

二〇一八年（平成三十年）三月下旬、関係五者会議で正式に大東《おおひがし》案に決定した。もちろん、他の国会議員や関係者も、表面で、あるいは水面下で動いてのことである。

こうして、札幌駅の新幹線ホームは、当初の認可時点では現駅《げんえき》の南側に設置される予定であったが、二〇一八年（平成三十年）三月、大東《おおひがし》案に変更されたのである。

この大東案《おおひがし》は、在来線への乗り換え経路に懸念《けねん》もあるが、動く歩道を設置することで解決できる。海外からの観光客が増え続ける中で、ゆとりある駅施設とする上では利点が大きい。また、乗降客が迷わず移動できる経路を適切に確保すれば、新幹線駅周辺に新たな人の流れが生まれることになり、これを駅周辺のまちづくりに活かすこともできるのである。

このように、大東案《おおひがし》への変更を最大の好機と捉《とら》え、創成川の東西で民間再開発を戦略的かつ効果的に誘導することで、札幌の都心の骨格構造を一層強化していくことを考えるべきである。

(二)　現在の札幌駅周辺には対応すべき課題も

札幌駅は、今から三十年前の鉄道高架化（一九八八年（昭和六十三年）一次開業）、十五年前の南口土地区画整理事業と駅ビル開発（二〇〇三年（平成十五年）駅ビル開業）を経《へ》て現在の姿となっている。北口側には交通広場が、南口側にはイベント等にも活用可能な広場が整備されるなど、北海道最大の交通結節点《けっせつてん》としてふさわしい空間が形成されている。

しかしながら、現在の札幌駅周辺には次のような課題もある。新幹線開業を見据《みす》えて駅周辺を新しい姿にしていく上では、こうした課題への対応が求められるのである。

課題の一つは、街並み・土地利用である。南口周辺や創成川の東側には、冬季五輪前後に建設され、更新時期を迎えつつある建築物が多く立地している。さらに、低未利用の街区《がいく》も複数存在している。特に、創成川の東側は、西側に比べて土地の高度利用が進んでいない。

また、海外からの旅行客の増加等を背景に、札幌駅周辺でもホテル建設が活発化しているが、都心全体では国際水準のホテルが不足していると指摘されており、将来に向けて宿泊ニーズに対する多様化《たようか》への対応が課題となっている。

さらに、都心のオフィスについては、空室率《くうしつりつ》が低く、建て替えや増床《ぞうしょう》のニーズに対応しきれていない状態が続いている。なかでも、フロアが広く、耐震性や省エネ性に優れ、非常用電源等も備えた高機能なオフィスを増やすことで、本社機能の誘致《ゆうち》を支えることが必要である。

課題の二つ目は、交通基盤である。

現在の地下鉄、ＪＲ、バスの乗り換え経路には一部段差があり、バリアフリー化は不十分な状況である。新幹線駅の新設に併《あわ》せて地下鉄、バス等への乗り換え動線を適切に確保することは当然だが、その際には既存の経路を含めて徹底《てってい》したバリアフリー化を図るべきである。

また、バスに関しても、南口側でバス乗降場《じょうこうじょう》が分散しているため、利用者にとって分かりやすいとは言えない。また、バスターミナル内も通路幅や待合所が狭い状態である。

さらに、自動車交通に関しては、路上駐停車や駐車場の入庫待《にゅうこま》ち車両による混雑が発生している。現在、創成川通りの機能強化（都心へのアクセス強化）が検討されているが、駅周辺の交通混雑の解消につながる整備形態の具体化が必要である。

㈢　世界に誇《ほこ》れる新たな札幌駅周辺を

北海道新幹線札幌開業を見据《みす》えて、駅周辺の再整備を進めるため、札幌市でも「札幌駅交流拠点まちづくり計画」の策定を進めており、現段階（二〇一八年（平成三十年）九月）の案にはいくつかの先導《せんどう》プロジェクトなどが盛り込まれている。

いずれも今後確実に取り組むべきプロジェクトであるが、その具体化にあたっては、前述《ぜんじゅつ》した現在の課題に対応することはもとより、将来を展望し、世界に誇《ほこ》れる新たな札幌駅周辺をつくっていく姿勢が重要である。なかでも、特に留意すべき点や挑戦すべき事項として、以下に提案するものである。

まず第一に、機能的であるとともに、来札者《らいさつしゃ》の期待感を高める新幹線駅施設とすることである。

大東《おおひがし》案への変更に際し議論されたとおり、まずは増加する観光客に対応しうる十分な施設規模を確保したうえで、一層の高齢化を見据《みす》えて徹底したバリアフリー化を図ることが不可欠である。エレベーターやエスカレーターを適所に配置することに加え、動く歩道の設置を検討すべきである。

また、新幹線で札幌を訪れる乗客が初めに降り立つ場所であることから、来札者の期待感を高める仕掛《しか》けをしてほしいものである。例えば、札幌の歴史資産の一つである創成川上というホーム位置を生かし、創成川沿いの街並みを展望できるガラス張りの壁面《へきめん》とすることや、内装やベンチ等に道産材をふんだんに使用することが考えられる。また、観光情報を映像装置などで提供することも効果的である。

第二に、新幹線駅施設と駅前再開発による札幌の新たな顔づくりである。

新幹線駅が設置される北五西一街区は、現在は駐車場等で暫定《ざんてい》利用されている札幌市有地である。札幌市の計画案でも、隣接《りんせつ》する北五西一街区と合わせて一体的な再開発を進めることが盛り込まれているが、事業化にあたっては、新幹線駅前において札幌の新たな顔づくりをする視点が特に重要である。

具体的な再開発ビルの機能としては、現在あるバスターミナルや商業施設を確保するほか、ホテルやオフィス等を導入することが考えられるが、それ以上に重要なのは、新幹線駅に集散する新たな人の流れを受け止め、快適で心地よく過ごすことができる場（札幌の新たな顔）をどう作るかである。

例えば、新幹線と連続した豊かな吹き抜け空間をつくり、それに面して観光案内やバス待合機能、飲食機能などを効果的に配置すれば、四季を問わず多面的に活用される新たな場《ば》が駅前に生まれるであろう。

なお、バスターミナルに関しては、南口側で路上に分散している現状を踏《ふ》まえ、適切な集約を検討する必要があるが、その際には、市内路線と都市間路線を分かりやすく配置することに留意すべきである。また、現在検討が進められている都心アクセス（創成川の機能強化）の整備形態にあわせて、これと適切に連携《れんけい》を図ることも検討すべきである。

第三に、地上・地下・上空を活用したバリアフリーで回遊性《かいゆうせい》の高い歩行者ネットワークの確保である。

現状でも地下鉄・JR・バスの一大交通結節点《けっせつてん》であることに加え、新たに新幹線が加わることから、乗り換えの利便性に優《すぐ》れた歩行者動線を確保しなければならない。

その際、乗降場《じょうこうじょう》が地上、地下、上空（鉄道高架）に分かれて設置されることから、各階で歩行者空間を確保する事はもとより、エレベーターやエスカレーターで縦《たて》移動できる吹き抜け空間等を適所に配置して、上下に接続し、重層的《じゅうそうてき》なネットワークとする必要がある。

また、ネットワークの確保にあたっては、歩道や地下歩道などを公共が整備するだけではなく、民間の再開発を誘導・調整し、官民連携《れんけい》で効果的な経路を整備することも必要である。

例えば、新幹線駅前の北五西一・北五西二街区に加え、現在、北四西三街区（旧五番館西武跡地《あとち》）でも地権者《ちけんしゃ》による再開発の検討が進められていることから、相互の計画の調整を図ることで、地下の歩行者ネットワークを充実させることも可能となるのではないだろうか。

さらには、現状で開発の動きがない街区も含め、長期的な視点で民間開発同士の接続を段階的に誘導し、ネットワークの充実を進めていくべきである。

第四には、創成川以東への新幹線開業効果の波及である。

札幌駅周辺では、現在でもホテルの新築などの動きが見られるが、今後は、新幹線開業を見据《みす》えて民間の投資意欲が一段と高まることは確実である。特に、大東《おおひがし》案により、人の流れが現駅の東側にも確実に生まれることから、創成川以東地区に新幹線の開業効果を波及《はきゅう》させ、創成川の東西でバランスよく都心の強化を進めていくことが重要である。

都心部において、創成川の東は近年「創成川イースト」と呼ばれ、子育て世代を含めて、利便性の高い暮らしを望む市民の居住が進んでいるが、西側に比較すると高度利用は必ずしも進んでおらず、札幌駅周辺でも低利用の街区《がいく》が複数存在している、

このうち、卸《おろし》センター地区(北六東二~四)では、再開発に向けた動きが具体化し、北六東四街区に事務所機能を集約したうえで、北六東三・東四街区にホテル、マンション、医療施設等を導入する計画があるが、新幹線開業を契機《けいき》として、こうした開発を連鎖的《れんさてき》に進め、創成川イーストエリアを魅力的《みりょくてき》に変えていくことが求められると思われる。

なかでも重要なカギを握《にぎ》ると考えるのは、北五東一街区である。現在は、街区《がいく》の半分近くが駐車場で利用されている状況であるが、創成川を挟んですぐ西隣りに新幹線

駅が設置されることから、この街区への注目も高まっており、札幌市の計画案でも事業化検討街区《がいく》の一つに位置付けられている。

今後、地権者《ちけんしゃ》の意向によって具体の開発内容が検討されていくものと思われるが、創成川の東側へのゲートとなる位置にあることから、西側からの人の流れを受け止める機能を効果的に導入することで、創成川イースト全体の活性化につながることが期待されている。

例えば、創成川を挟んで、西側の北五西一街区と空中歩廊《ほろう》で結び、オフィスやホテル、店舗等を導入すれば、東西方向に人の流れが生まれる。現在は、街区《がいく》東側にレンタカー店があるが、こうした機能も配置されれば、観光客にとって便利な街区《がいく》になるかもしれない。このほか創成川の東側には、鉄道高架の北側にも中央郵便局（北六東一）や旧テイセンボウル（北七東一）といった、今後の動向が注目される街区がある。北五東一の開発が起爆剤《きばくざい》となり、鉄道の北側にもまちづくりの連鎖《れんさ》効果が出ればとても望ましいことである。

札幌駅周辺地域は民間地権者の土地利用が進んでおり、それらを含めて再開発を行うことは、大規模な土地利用の転換と権利調整に相当の困難が予想され、相当の時間も要すると思われる。しかし、新幹線開業というチャンスを札幌のまちづくりに最大限に生かし、新たな都心の骨格軸を形成し、都市の活力を生み出す場所とするためには、既存のエリアとの住み分けにも配慮した、きちんとした青写真を描き、官民を挙《あ》げて精力的に取り組むべき大きなテーマになると考える。

新幹線開業まで、もうそれほど時間はないが、我々議会としても、市民・企業・行政が力を合わせて取り組めるよう様々な形でバックアップして、世界に誇《ほこ》れる新たな札幌駅周辺を実現し、後世に引き継いでいきたい。

㈣ 路面電車の新たな展開

1 地下鉄開業までは市民の足の主役

札幌の路面電車は、一九〇九年（明治四十二年）に馬車鉄道に代わって導入された。その後、札幌の成長とともに路線を拡大し、一九六四年（昭和三十九年）には路線延長が二十五キロとなるなど、市民の足の主役として街の発展を支えてきた。

しかしながら、冬季オリンピック札幌大会の開催に先立つ一九七一年（昭和四十六年）に地下鉄南北線が開通、それ以降、路面電車は市民の足としての役割を地下鉄へ譲《ゆず》り、地下鉄延伸にともなって順次縮小されていくこととなった。

こうして一九七四年（昭和四十九年）以降しばらくは、「西四丁目」から山鼻《やまはな》方面を経由して「すすきの」を結ぶ、延長八．五キロの区間が残るのみとなった。

2　今だからこそ見直される路面電車の役割

二〇一五年（平成二十七年）十二月、路面電車の路線は「西四丁目」と「すすきの」間で結ばれ、ループ化された。

札幌市がループ化を決める前段では、そもそも路面電車の存続の要否《ようひ》自体にすら議論があった。ましてや、自動車交通量の多い駅前通において、路面電車が歩道側を通行するサイドリザベーション方式を採用するとしたこともあり、商業者や物流《ぶつりゅう》業者などからは心配の声もあがっていた。しかしながら、都心の回遊性《かいゆうせい》とにぎわいの向上にも寄与するとの考え方からループ化を決断し、札幌市はもとより各方面の関係者が協力して無事に開業を迎えたものである。

このループ化の結果、路面電車の利用客はループ化前の約二十二万二千人／日から約二十二万四千四百人／日へと目に見えて増加し（開業後十一ヵ月間の集計）、現在も利用は好調を保っている。その要因として、もともと中央区のマンションニーズを背景に沿線の人口が増えていたこともあろうが、私は、今になって改めて路面電車の価値が見直された結果であるともとらえている。

路面電車は、地下鉄と違って上下方向の移動がないため高齢者を含め誰もが利用しやすく、環境にも優《やさ》しい交通機関である。加えて、路面電車が走る景観《けいかん》は街並みに特徴を与え、それが街の活性化にも好影響を与える。人口減少が確実視されるなかで札幌が魅力《みりょく》と活力を高めていくために、路面電車はこれまでに以上の役割を果たしていくことが期待されるのである。

3　求められる延伸検討の本格化

路面電車のループ化を位置付けた札幌市の計画（二〇一二年（平成二十四年）策定「札幌市路面電車活用計画」）では、今後の展開として、「札幌駅方面への延伸ルートを検討」するとともに、「創成川以東地域」と「桑園《そうえん》地域」についても、地域まちづくりの動向等を踏まえながら延伸を検討していくことを位置付けている。ただし、札幌市では現時点で延伸の要否《ようひ》や延伸する場合のルート等を本格的に検討しているわけではなく、ループ化の効果を十分に検証した上で検討するとの姿勢から踏み出せていない。

しかしながら、二〇三〇年度末の北海道新幹線開業を控え、今後札幌のまちづくりは大きく動く。事業効果を検証することはもちろん必要だが、単に現状を前提として消極的に進めるのではなく、新幹線の開業効果も含めて様々な可能性を積極的にとらえ、課題解決策を考えていくことが肝要《かんよう》だ。すでにループ化から三年が経ち、新幹線のホーム位置が決まった今こそ、延伸検討を本格化していくべきである。

4　新幹線開業と創成川イーストを結ぶ路面電車に大きな期待

路面電車の延伸検討にあたって、私は、新幹線開業効果を創成川イーストのまちづくりに生かしていく視点が特に重要であると考えている。

路面電車をまちづくりに積極的に活用している富山市では、二〇一五年（平成二十七年）三月の北陸新幹線開業にあわせて高架駅の直下に路面電車の停留所を移設《いせつ》した。私自身も現地を視察したが、乗換《のりかえ》利便性の高さは申し分なく、路面電車がまちづくりに果たす役割の大きさを実感できた。

札幌は、すでに地下鉄やバスターミナルが整備されていることから富山市とすべてを同列に検討することはできないが、新幹線駅内に路面電車の停留所を確保できれば、来訪者にとっては街めぐりの手段が増えて望ましい。

また、その際のルートとして大通・すすきの方面を望む声もあろうかと思うが、そちらはすでに地下鉄やチカホで結ばれている。むしろ今後の開発が望まれる創成川イースト方面こそが適切だ。

創成川イーストは今でも居住人口が増加を続けていることから、路面電車を居住者の足として確保することには合理性がある。加えて、地域には一大商業施設であるサッポロファクトリーのほか、二〇一八年（平成三十年）六月にリニューアルされた「旧永山武四郎邸《ながやまたけしろうてい》」および「札幌市旧三菱鉱業寮」、二〇一九年（平成三十一年）四月オープン予定の「新中央体育館（北ガスアリーナ札幌46）」、さらに東の苗穂《なえぼ》地区にはアリオやサッポロビール園など、集客施設も広く点在している。そのため、路面電車によって街めぐりの移動手段を充実させることで、地域全体の活性化にもつながる。

新幹線のホーム位置が創成川をまたぐ大東《おおひがし》案に決まり、創成川以東のまちづくりが注目されてくるからこそ、創成川イーストへの路面電車の延伸に大きな期待がかかるのである。

5　市民や事業者の理解を得ながら現実的かつ戦略的な延伸シナリオを

もちろん、都心部では現状でも多くの自動車交通があり、道路沿道の土地利用も進んでいることから、創成川イーストにおいても具体的な延伸ルートを設定することは容易ではないだろう。また、既存のループ化区間も含め、路面電車事業全体として持続的《じぞくてき》な収支構造をどう確保するかも現実的には大きな課題だ。

しかしながら、新幹線開業を見据《みす》え、創成川通の都心アクセス強化が具体の整備手法の検討段階に入った。最終的にどのような整備手法がとられるかは分からないが、いずれにせよ何らかの形で創成川通りの機能強化がなされれば、創成川イーストの自動車交通は減少し、路面電車の走行空間を確保する余地も生まれる可能性が高まる。

また、新幹線駅を経由する路線をループ状に、かつ複線《ふくせん》で新設することが難しい場合は、当面は折り返し区間や単線《たんせん》区間も設定し、まちづくりの進展に応じて順次拡充を図っていくなど、現実的な整備手法を検討することも有効かもしれない。

例えば、新幹線駅から創成川通を経て北三条通を東に向かい、新苗穂《なえぼ》駅前まで向かうルートを先行して整備し、その後、南一条通り沿線の再開発を戦略的に誘導しつつ、既存ループ化区間から東へ向かうルートを拡充、最終的には新幹線駅からのルートと新たなループ化を実現すれば、都心の東西で回遊性《かいゆうせい》が飛躍的に高まるだろう。

もちろん、こうした取組は一朝一夕《いっちょういっせき》に進むものではないが、路面電車による新たなまちづくりの展開に向け、市民や事業者の理解を得ながら現実的かつ戦略的な延伸シナリオづくりに挑戦したい。

四　地下鉄東豊《とうほう》線の延伸

(一)　札幌の地下鉄建設の歴史

北方都市さっぽろがここまで発展することが出来たのは、地下鉄のおかげであると言っても過言ではない。年間降雪量《こうせつりょう》が六メートルを超える極寒の地にあって、人口百九十六万人を擁《よう》する大都市は、世界中を見渡しても札幌市以外に見当たらない。一年の半分近くを冬で過ごす札幌市民にとって、地下鉄の恩恵は肌身《はだみ》に染みて感じており、それだけに地下鉄近郊の人々にとって延伸は待ち遠しい。とりわけ、清田《きよた》区民は一日千秋《いちじつせんしゅう》の思いで東豊《とうほう》線の延伸着工を待っている。近年では、手稲《ていね》方面等への延伸を望む声も高まっている。それだけ地下鉄は市民にとって、暮らしに便利で市民の誰もが欲《ほっ》する交通手段だが、建設費用も莫大《ばくだい》である。私は、札幌市が今以上に発展するには、地下鉄延伸は必要との立場だが、現実的には難しい側面も含んでいる。本項では、東豊《とうほう》線の延伸について、その課題と可能性について考えてみる。

日本で本格的な地下鉄が開業したのは、一九二七年（昭和二年）、東京地下鉄道が上野～浅草間（約二十二キロ）を運行したのが最初だ。当時はまだ蒸気《じょうき》機関車が主流の中、運営する東京地下鉄道が地下鉄車両として一〇〇〇形といわれる電車を開発してのことである。

その後、日本における地下鉄は都市の発展に合わせ延伸を重ね、一九五〇～六〇年代は、東京、大阪、名古屋を中心に、その後は地方都市へと広がっている。東京以外の政令指定都市での開業順位は、大阪市（一九三三年（昭和八年）五月）、名古屋市（一九五七年（昭和三十二年）十一月）と続き、札幌市の開業は三番目である。今では、横浜市（一九七二年（昭和四十七年）十二月）、神戸市（一九七七年（昭和五十二年）三月）、京都市（一九八一年（昭和五十六年）五月）、福岡市（同年七月）、仙台市（一九八七年（昭和六十二年）七月）が開業している。

札幌市の地下鉄が最初に開業したのは、南北線・北二十四条〜真駒内《まこまない》間（約十二・一キロ）で、札幌冬季オリンピック開催前年の一九七一年（昭和四十六年）十二月であった。

オリンピック会場となった美香保《みかほ》体育館と真駒内《まこまない》会場を結ぶ、選手、役員、観客の移動輸送手段として、国の許可を受けたものである。

札幌市の地下鉄は、その後南北線の延長、東西線、東豊《とうほう》線の新規開業へと拡大している。三路線の延伸と開業は次のとおりである。（　）内は営業キロ数）

南北線・真駒内《まこまない》〜北二十四条間（十二・一キロ）
一九七一年（昭和四十六年）十二月開業

東西線・琴似《ことに》〜白石《しろいし》間（九・九キロ）
一九七六年（昭和五十一年）六月開業

南北線延伸・北二十四条〜麻生《あさぶ》間（二・二キロ）
一九七八年（昭和五十三年）三月開業

東西線延伸・白石《しろいし》〜新さっぽろ間（七・四キロ）

東豊《とうほう》線・栄町《さかえまち》～豊水《ほうすい》すすきの間（八・一キロ）
一九八二年（昭和五十七年）三月開業
東豊《とうほう》線延伸・豊水《ほうすい》すすきの～福住《ふくずみ》間（五・五キロ）
一九八八年（昭和六十三年）十二月開業
東西線延伸・琴似《ことに》～宮の沢間（二・八キロ）
一九九四年（平成六年）十月開業
一九九九年（平成十一年）二月開業

(二) 地下鉄五十キロ構想

この延伸・開業によって、当初計画の五十キロの中で残された区間は、東豊《とうほう》線の福《ふく》住《ずみ》～北野間（約一・五キロ）だけとなった。当初計画とは、一九七九年（昭和五十四年）五月、当時の板垣《いたがき》市長から「札幌市総合交通計画審議会」に対して出された諮問《しもん》「地下鉄等大量公共輸送機関の整備計画について」の答申《とうしん》内容のことである。

この市長の諮問《しもん》に応じ、調査審議の中で出された結論は、「昭和七〇年までに優先して整備すべき区間」を検討した結果として、次の計画路線を挙げている。

南北線・麻生《あさぶ》～真駒内《まこまない》間十四キロ

東西線・手稲東《ていねひがし》地区～厚別《あつべつ》二十キロ

三号線・栄町《さかえまち》地区～北野《きたの》地区十六キロ

合計五十キロ、いわゆる「地下鉄五十キロ構想」が当初の計画である。ちなみに三号線とは、後に名称が決った東豊《とうほう》線のことである。

この当初計画「五十キロ構想」を目標年次の一九九五年（昭和七〇年＝平成七年）までに完成させるには、少なくとも豊水《ほうすい》すすきの～福住《ふくずみ》間が着工した一九八八年（昭和六十三年）から開業した一九九四年（平成六年）までの間に、福住《ふくずみ》～北野間の建設に着工しなければならない計算になる。しかし、この時期は日本の政界に激震《げきしん》が走った時期である。自民党が分裂して小沢新生《しんせい》党、細川日本新党、鳩山新党さきがけが誕生するなど、日本の政界は大混乱に陥《おちい》った。バブル経済の崩壊（その後、一九九七年（平成九年）には山一證券《やまいちしょうけん》、北海道拓殖銀行が破綻《はたん》した）と政治の不安定化という政治、経済の両面での混乱から地下鉄延長の環境は整わず、以来二十年余を経《へ》た今に至るも目途は立っていない。豊平区《とよひら》・清田区《きよた》地下鉄期成会《きせいかい》が強く求めている清田区《きよた》役所までは、約四・二キロ残っている。

地下鉄の強みは、台風や豪雪《ごうせつ》など天候に左右されず、およそ時刻通りに走る定時制に優《すぐ》れ、目的地間を比較的直線で走行することが可能なため、速達性が高いことと、歩行者や乗用車などと接触する危険がなく、ATC（自動列車制御装置）などの安全性の高い運行管理システムの整備が進んでおり、事故が少なく安全な乗り物であることだ。

地下鉄を含め鉄道は、一人を運ぶために排出するCO2排出量が、自家用自動車の約八分の一であり、環境に優《やさ》しい乗り物である。しかし、特殊な工法で建設するため、初期の建設費用が高く、日々の検査・メンテナンスに労力が必要であり、相応《そうおう》の利用が見込まれる大都市でなければ地下鉄道の建設は困難である。現在、地下鉄の新線を建設しているのは、福岡市の七隈《ななくま》線延伸（二〇二二年度開業予定）の一路線だけだ。

(三) 地下鉄建設にかかる費用と建設の困難さ

それではここで、札幌市がこれまで費《つい》やした地下鉄建設費用と、その財源と返済の仕組み、更には清田《きよた》区への延伸費用等についても考えてみる。

これまで札幌市が地下鉄建設に投じた建設費用は、南北線（十五キロ）八百二十二億二千四百万円、東西線（二十・八キロ）二千八百九十三億七千五百万円、東豊《とうほう》線（十四・五キロ）三千三百二億四千七百万円で、三路線の合計五十・三キロ（営業キロ数は四十八・一キロ）で、要《よう》した費用は七千十八億四千六百万円（企業債《きぎょうさい》の利子《りし》を含む）となっている。

これに対しての財源は、企業債《きぎょうさい》（国が認めた札幌市の借金）五千九百十三億一千四百万円プラス建設費補助（国庫《こっこ》）百二億九千七百万円プラス一般会計補助百十一億六千二百万円プラス一般会計出資金《しゅっしきん》八百十二億四千百万円プラスその他の納付金、雑収入《ざっしゅうにゅう》等七十八億三千二百万円の合計七千十八億四千六百万円が建設費用として充《あ》てられている。

ちなみに、一般会計補助や一般会計出資金《しゅっしきん》は、後で国からの交付金が充《あ》てられるもので、つまり、乗車料金収入等で賄《まかな》えない分は、国からの資金が建設費用に充《あ》てられていることになる。それだけに、国の認可が下りなければ勝手に新線に着工出来ない仕組みとなっている。

ただ、借金の返済は、南北線が終わっていることと東西線、東豊《とうほう》線の残債《ざんさい》の合計二百九十二億円は、二〇二八年度までに償還《しょうかん》が終わる見通しとなっている。

清田《きよた》区民が熱望する東豊《とうほう》線、福住《ふくずみ》〜清田《きよた》間まで約四．二キロ（四駅）を建設するとしたら、その費用はザックリと計算して約一千億円といわれている。この一千億円は、東豊《とうほう》線の延伸（豊水《ほうすい》すすきの〜福住《ふくずみ》間）の建設費（約九百六十六億円）に近い金額である。

仮に一千億円で建設する場合、現行の財源《ざいげん》フレームだと次頁の図のようになる。

左に示した財源フレームのように、元金《がんきん》一千億円のうち国庫補助《こっこほじょ》の二百五十二億円を差し引いた七百四十八億円プラス利子分百三十四億六千万円の計八百八十二億六千万円を三十年償還《しょうかん》で返済することとなる。

事業費
二百五十二億円
国庫《こっこ》補助《ほじょ》
二十五．二％
→ 札幌市　負担なし

事業費
二百八十億円
一般会計補助
二十八．〇％
← 利子《りし》五十．四億円

事業費
二百億円
一般会計出資
二十．〇％
← 利子《りし》三十六．〇億円

← 札幌市負担合計額
（一般会計分）
五百六十六．四億円

事業費
二百六十八億円
企《き》業《ぎょう》債《さい》
二十六．八％
← 利子《りし》四十八．二億円
← 札幌市負担合計額
（企業会計分）
三百十六．二億円

※交付税措置《そち》は二〇一〇年度（平成二十二年度）までで廃止となっている。
※利子については、三十年償還《しょうかん》、年利〇．六％で試算。

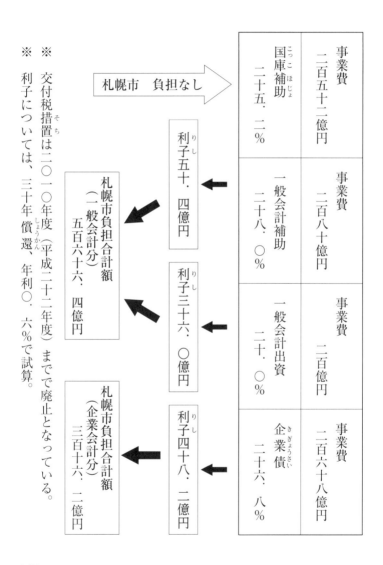

このような財源フレームを国（国土交通省・総務省）が認可した場合に限って延伸着工が出来るのだが、実は、札幌市が認可申請を出来ない理由がある。それは、申請しても却下《きゃっか》されるからである。その理由とは、一九八八年（昭和六十三年）に札幌市から国に出された東豊《とうほう》線の延伸申請書にある。

その申請書には東豊《とうほう》線の一日の平均乗車人員の推計値として、東豊《とうほう》線開業翌年の一九九五年（平成七年）には三十五万人に達し、二〇一六年（平成二十八年）には四十一万六千人と予測している。しかし実際には、開業翌年の一日平均の乗車人員は約十一万九千人で、二〇一六年（平成二十八年）には十五万二千人にとどまっている。

また、東豊《とうほう》線の乗車料金収入の推計では、東豊《とうほう》線開業翌年の一九九五年（平成七年）には年間収入百七十一億円で、二〇一六年（平成二十八年）には四百十七億円の推計であったが、これも実際には開業翌年は六十八億円、二〇一六年（平成二十八年）は九十七億円と大幅な誤差が生じている。

この誤差を是正《ぜせい》するには、乗車人員を増やすか乗車料金を値上げするしか方法がない。しかし、現実的にはどちらも難しい。

そのため国は、札幌市が認可を容易にするために推計値にゲタをはかせたのではないかと疑念《ぎねん》を抱いているとも言われている。事実、市の幹部の中には「いいだけ鉛筆舐《な》め舐《な》め考えた。」と吐露《とろ》する人もいる。加えて、その後の各種調査でも不利なデータが出されている。

札幌市も、心中では何とかして東豊線《とうほう》を清田《きよた》まで延伸させたいと思っているのだが、前述《ぜんじゅつ》した事情と清田《きよた》区が人口減少に転じたこともあって、思うようにいかないのが実情である。それでは打開策《だかいさく》は本当にないのだろうか。

㈣　地下鉄東豊線延伸実現のシナリオ

あるとすれば、二〇三〇年開催の冬季オリンピック・パラリンピックの招致《しょうち》を契《けい》機《き》とした新たなまちづくりと交通軸づくりである。

本章の二ですでに述べたとおり、冬季オリンピック・パラリンピックの開・閉会式が札幌ドームで行われる計画である。また、女子のアイスホッケー会場となる施設も札幌ドームに隣接して建設される。大会期間中に、選手、役員等関係者、観客が円滑《えんかつ》に移動できる手段として地下鉄延伸は不可欠であり、真駒内《まこまない》～北二十四条までがそうであったように、福住《ふくずみ》駅から札幌ドーム、東月寒《ひがしつきさむ》の二駅まで、まずは延伸させるのである。

前述《ぜんじゅつ》したように、一気に清田《きよた》までとなると、国は今のままでは認可しないだろうが、これなら国に対しても大義名分《たいぎめいぶん》は立つ。言うなれば、北方領土《ほっぽうりょうど》の二島返還論《にとうへんかんろん》の地下鉄版である。

また、大会後の札幌ドーム地区については、ナショナルトレーニングセンター等スポーツ関連の高度機能を集積するとともに、スポーツ医療を活かしたリハビリテーションなど医療・健康づくりのための機能を配置し、国際レベルでのスポーツ・健康づくりの拠点とすることにより、新たな人の流れを生み出すのである。

さらに、この札幌ドーム地区、都心、新幹線札幌駅へのアクセス確保のために道央自動車道から地下鉄東豊《とうほう》線への空港バスの直接乗り入れを実現するのである。

首都圏や関西圏の地下鉄では、当たり前のようにＪＲや私鉄との相互乗り入れが行われているが、札幌の地下鉄ではＪＲとの相互乗り入れが実現していない。札幌の地下鉄は独自のゴムタイヤ方式であるために、静粛性《せいしゅくせい》や乗り心地は優《すぐ》れていても、鉄《てっ》輪軌道《りんきどう》との互換性《ごかんせい》が無いことが弱みであったわけである。この弱みは裏を返せば、ゴムタイヤ車両が走れる地下鉄トンネルに乗り入れやすいのは鉄道車両ではなくバスである。現在では困難であっても、近い将来には電気自動車と自動運転技術の開発により実現可能となる。それを見越《みこ》して、東豊《とうほう》線延伸計画を考えるのである。それによって、今までとは全く異なる需要《じゅよう》推計となるはずである。

また、同時に、栄町《さかえまち》から丘珠《おかだま》空港までの延伸計画も検討する必要がある。栄町《さかえまち》から丘珠《おかだま》空港までは約一キロである。計画当初、栄町《さかえまち》駅の先に車両基地を作る予定であったが、その計画を断念したのは、土地所有者の同意を得られなかったからだ。そのため、東豊《とうほう》線の車両整備上、止《や》むを得ず大通付近から東西線にポイントを切換え、二十四軒《にじゅうよんけん》にある車両基地で東豊《とうほう》線の車両整備を行っている。しかし、歳月の経過によって、当初計画では同意を得られなかった土地所有者も、今は売却の意向もうかがえるという。

丘珠《おかだま》空港については、別項で述べるが年々利用度は増している。ただ、今のターミナル位置のままで地下鉄を延伸するにしても、進行方向の右側に大きくカーブを描くこととなるが、老朽化した空港ターミナルを現位置の反対側、空港の北端に持ってくることで解決できるはずである。そうすることにより丘珠《おかだま》空港駅と車両基地建設に必要なスペースは十分確保可能である。

これにより、新千歳《しんちとせ》空港から道央自動車道を経由し、そのまま乗り換えなしに地下鉄東豊《とうほう》線に入り、札幌ドーム、都心、新幹線札幌駅、丘珠《おかだま》空港を結ぶ交通軸が生まれることになる。

東豊《とうほう》線の延伸は、冬季オリンピック・パラリンピックの開催によって現実味《げんじつみ》が増してくる。延伸シナリオを整理すると、まずは主要会場となる施設が集中する札幌ドームへの移動輸送手段として、福住《ふくずみ》駅～札幌ドーム駅～東月寒《ひがしつきさむ》駅間を着工し、同時に丘珠《おかだま》空港への延伸申請。その後、道央自動車道との接続と東月寒《ひがしつきさむ》以東の駅までの延伸申請及び着工と、二段、三段構えで行うのが効果的な手法ではないだろうか。

そして、この延伸は、札幌市が発展するための重要な政策的課題でもある。

五　丘珠《おかだま》空港の活性化

㈠　まちづくりの上での空港の意義

丘珠《おかだま》空港は、札幌市のまちづくりのために、特に経済活動を活性化する上で非常に重要な戦略的財産といえる。

空港や港湾《こうわん》は人流《じんりゅう》と物流《ぶつりゅう》の拠点となる。特に港湾《こうわん》は大量の貨物輸送の拠点として倉庫やトラックターミナルなどの物流《ぶつりゅう》施設が集積するだけでなく、輸送コストを削減する観点から、船舶で運ばれてきた原材料を加工し、製品化（あるいは半製品化）するための工場群《ぐん》が立地し、一大産業集積拠点となる。また、産業集積が進むとともに、そこで働く人の生活を支えるための住宅や商業施設の立地が進む。これが都市の発展の原動力となってきた。

時代の変遷《へんせん》とともに産業構造が変化することによって、あるいは海外との貿易の構造が変化することによって個々の港湾《こうわん》単位で見た場合には発展する港湾《こうわん》と衰退《すいたい》する港《こう》湾《わん》があるが（北海道内では小樽港《おたるこう》と石狩湾新港《いしかりわんしんこう》、室蘭港《むろらんこう》と苫小牧港《とまこまいこう》にその対比を見ることができる）、国内の大都市を見ると、そのほとんどが大規模な港湾《こうわん》設備と産業集積を有しており、港湾《こうわん》を持たない大都市である札幌は例外的な存在であると言えよう。

これに対して、空港は物流《ぶつりゅう》よりも人流《じんりゅう》の拠点としての意義が強い。航空機を使った貨物輸送は、郵便事業や軽量でも付加価値《ふかかち》の高い精密機器、あるいは鮮度《せんど》を重視する生鮮食品などで行われているが、その取扱量は船舶やトラック輸送の比ではない。しかし、人の移動に関しては、そのスピードから圧倒的に航空機に依存《いぞん》する時代となっており、製造業の比率が低く、観光関連産業への依存度《いぞんど》の高い本市の状況では、人《じん》流《りゅう》の拠点としての空港の重要性はますます高まっている。

北海道新幹線の札幌延伸の際《さい》に話題となったのでご記憶の方もいるかと思うが、新幹線が札幌まで延伸されても、時間とコストを考えた場合、たとえ東京までの移動であっても引き続き航空機を利用する旅行者の割合が相当高く、いかにスピードアップ（移動時間の短縮）を図るかが大きな課題となっている。また、コスト面でもＬＣＣ

（格安航空会社）の登場により、世界レベルでも国内レベルでも航空機依存度《いぞんど》が高まったことは周知の事実である。

先ほど述べたように札幌は港湾《こうわん》を有していないが、空港は丘珠《おかだま》空港がある。しかし、丘珠《おかだま》空港が人流《じんりゅう》の拠点として十分機能しているかというと、残念ながら十分とは言い難《がた》い。海外からの観光客は無論《むろん》のこと、国内の観光客や札幌市民が国内旅行をする場合であっても、そのほとんどが新千歳《しんちとせ》空港を利用している。

このように「より早く、より安く」移動する手段としての航空機への依存度《いぞんど》が高まった今日、丘珠《おかだま》空港の利活用が進んでいない最も大きな理由は、航空機のジェット化対応が困難《こんなん》な一千五百メートルという滑走路の短さにある。北海道内には十一の地方空港があるが、その中で丘珠《おかだま》空港の滑走路は最も短い（奥尻《おくしり》空港が同じ長さである）。全国五番目の人口規模の大都市となりながらも、なぜ空港に関してはもっぱら新千歳《しんちとせ》空港に依存《いぞん》し、丘珠《おかだま》空港がジェット化の流れに乗り遅れたのか。丘珠空港の辿《たど》った歴史を掘り下げながら考えたい。

(二) 丘珠《おかだま》空港の辿《たど》った歴史

丘珠《おかだま》空港の開設は戦前に遡《さかのぼ》る。一九四二年（昭和十七年）、旧陸軍による飛行場の設置が始まり、一九四四年（昭和十九年）に諸施設が完成した。終戦後、一九四五年（昭和二十年）から一九五二年（昭和二十七年）までは連合国（アメリカ軍）により接収されたが、その後、一九五四年（昭和二十九年）に陸上自衛隊の丘珠《おかだま》駐屯地が当地に発足し、一九五六年（昭和三十一年）には旅客機《りょかくき》の運行が開始され、一九六一年（昭和三十六年）には自衛隊と民間の共用飛行場となった（空港の所有・運営は自衛隊の管轄《かんかつ》である）。

千歳《ちとせ》には航空自衛隊の千歳《ちとせ》基地があってか、ジェット機は新千歳《しんちとせ》、プロペラ機は札幌（丘珠《おかだま》）という住み分けが長年続いていたが、民間航空会社には「より早く」の流れの中でジェット化の波が押し寄せ始める。

一九七四年（昭和四十九年）、ＴＤＡ（東亜国内航空：現在はＪＡＬに吸収されている）は、使用していたプロペラ機のＹＳ―11が老朽化したため、後継機種《こうけいきしゅ》をジェット機に変更し、ジェット化に対応できない丘珠空港から撤退《てったい》した。

その後、道内の他の空港では次々とジェット化に対応する整備が進められたこともあり、TDAと同様にYS—11を使用していたANK（エアーニッポン）は、一九九二年（平成四年）に後継機種《こうけいきしゅ》としてジェット機導入の検討を始めた。この動きに危機《きき》感《かん》を抱いた北海道と札幌市は、丘珠空港《おかだまくうこう》の利用について協議を始め、一九九五年（平成七年）には、北海道と札幌市は丘珠《おかだま》空港のジェット化と滑走路の長さの二千メートルへの延長に向けた検討を住民の合意を得ながら進めることで一致した。

しかし、札幌市が地元住民への説明を行ったところ、騒音を主とする生活環境の悪化に対する懸念《けねん》をはじめとした様々な反対意見が出され、一九九六年（平成八年）の国との協議では、新千歳《しんちとせ》空港との役割分担と、地元の反対を理由として、プロペラ機による利用の継続の方針が国から示される結果となった。このため、北海道と札幌市はANKにプロペラ機による路線存続を求め、同社の同意を得た上で、一九九七年（平成九年）から翌年にかけて計十八回にわたる住民説明会を経て、次の要旨の「空港整備に関する基本的な考え方」をまとめた。

・滑走路延長は百メートル（全長一千五百メートル）
・延長方向は南東方向
・定期便の運航便数は現在の生活環境を悪化させないことを基本とする
・今後も毎年騒音の実測《じっそく》調査を行い、環境基準との関連を検証しながら、空港周辺の生活環境の保全を図っていく

この基本方針に基づき、一九九九年（平成十一年）には、国に空港整備の事業化を要望するとともに、「丘珠空港周辺のまちづくり構想」を策定し、緩衝緑地《かんしょうりょくち》の整備、道路や河川、下水道等の基盤整備、空港周辺の騒音対策・風雪対策の推進などを並行して進めることとし、二〇〇〇年（平成十二年）から三年間かけて、総事業費約七十九億円で滑走路を一千五百メートルに延長したほか、滑走路の拡幅《かくふく》やエプロン・駐車場の整備等を行った。こうして、一旦、滑走路延長問題は決着したかに見えた。

しかし、その後さらに、二〇一〇年（平成二十二年）には、ＡＮＡ（全日本空輸）の系列会社であるＡ－ｎｅｔ（エアーニッポンネットワーク）の路線全てが丘珠《おかだま》空港から撤退《てったい》し、さらにＪＡＬが会社更生法《かいしゃこうせいほう》の適用を受けたことにより、ＨＡＣ（北海道

エアシステム）の経営から一部撤退《てったい》したため、ＨＡＣの丘珠《おかだま》路線の維持に赤信号が灯《とも》る事態となった。二〇一一年（平成二十三年）に北海道の調整により、道内の自治体や経済界による新体制を構築してＨＡＣの経営安定化を図り、丘珠空港をＨＡＣの拠点として活用していくことで事態《じたい》の収拾《しゅうしゅう》は図られた。

これらはすべて丘珠《おかだま》空港のジェット化断念により生じた事態《じたい》であり、起こるべくして起こった事態《じたい》であると言える。

言葉は悪いかもしれないが、丘珠《おかだま》空港の周辺住民にとっては、空港は普段の生活で使う利便施設ではなく、騒音などの環境悪化を引き起こす迷惑施設《めいわくしせつ》でしかないのである。しかし、地域経済の活性化のために重要な民間航空の灯を消さないため、プロペラ機運航を地域で支援をしながら細々《ほそぼそ》と続ける状況となったわけであるが、その後、意外に早く潮目《しおめ》の変化は訪れた。

地域の支援なしに運航できないプロペラ機ではなく、採算の取れるジェット機導入に向けた動きである。

二〇一三年（平成二十五年）には、ＦＤＡ（フジドリームエアラインズ）が、名古屋（小牧《こまき》）空港との間で旅客を乗せずに小型ジェット機のテストフライトを実施し、問題なく離着陸《りちゃくりく》できることを確認した。さらに、同年中に地元経済界の要請《ようせい》を受けてＦＤＡが旅客を乗せた実証飛行を実施し、騒音などの顕著《けんちょ》な住環境悪化を引き起こさないことを確認し、翌二〇一四年（平成二十六年）には、名古屋（小牧《こまき》）、静岡、北九州、神戸との間で、計十四往復のチャーター便を運航した。

さらに、二〇一六年（平成二十八年）以降は、静岡との間で週二往復の定期便を期間限定ながら運航しており、直近の二〇一八年（平成三十年）は、丘珠《おかだま》・静岡間の運行期間を延長するとともに、新たに丘珠《おかだま》・松本間の臨時定期便を運航した。

現在、丘珠《おかだま》空港で就航する航空会社は、ＪＡＬとＦＤＡの2社だけである。ただし、ＦＤＡは冬期間のジェット機の離着陸《りちゃくりく》の安全性が確保できないことから夏季限定の運行である。

丘珠《おかだま》空港のジェット化を断念してから二十年が経過しようとしている今、当時と今とでは、随分《ずいぶん》、環境も変わってきている。

・　札幌も人口減少期を目前に控え、地域経済の活性化の必要性がかつてないほど高まっていること。

・世界的なＬＣＣの発展などを背景に北海道の国際的な観光地化が進み、それが北海道経済を支えていること。

・新千歳《しんちとせ》空港の国際化と利用増大が進み、丘珠《おかだま》空港との役割分担を見直す余地《よち》があること。

・北海道新幹線の札幌延伸、冬季オリンピック・パラリンピックの札幌誘致《ゆうち》に合わせて交通軸の再編《さいへん》を考える必要があること。

・航空機の技術革新によりジェット化イコール騒音増大による住環境悪化ではないことがある程度実証されたこと。

このようなことを踏まえると、空港周辺住民を含めて、改めて丘珠《おかだま》空港の将来的なあり方を再検討すべき時期に来ていると、私は考えている。

㈢　丘珠《おかだま》空港の果たすべき役割と具体的な整備方向

本項の冒頭《ぼうとう》に述べたように、丘珠《おかだま》空港は経済活性化のための重要な戦略的財産であるが、もう一つ丘珠《おかだま》空港には重要な役割がある。

大規模災害時における新千歳《しんちとせ》空港の代替機能、災害対応のための拠点機能、さらには、北海道の救急医療の拠点機能である。

昨年九月に発生した北海道胆振東部《いぶりとうぶ》地震の際、新千歳《しんちとせ》空港は電源の喪失やターミナルビルの被害により使用不能となったものの、丘珠《おかだま》空港は空港施設に大きな被害がなく、電源も確保できたため、欠航したのは青森県三沢《みさわ》空港間の一往復だけである。また、陸上自衛隊が駐屯《ちゅうとん》していることから、災害救助や被災地への物資輸送をはじめとした災害対応の拠点ともなっている。

さらに、北海道、北海道警察のヘリコプターの拠点（札幌市消防航空隊のみ、石狩《いしかり》市が拠点）にもなっており、地震のみならず異常気象による風水害が頻発《ひんぱつ》し、さらに北海道内の各地域における医療機能が縮小しつつある中、丘珠《おかだま》空港の防災基地、救急医療基地としての機能のさらなる強化の必要性は高まっている。

また、北海道、札幌市とも観光を基幹産業《きかんさんぎょう》として位置づけ、インバウンド（訪日外国人）誘致《ゆうち》を推《お》し進めている中で、新千歳《しんちとせ》空港の発着枠も限界に近づいていることを踏まえると、新千歳《しんちとせ》空港の発着枠の増は国際線を中心として、国内線の発着についは丘珠《おかだま》空港が積極的に役割分担していくことが現実的である。

実際に、関西圏域における関西空港と伊丹《いたみ》空港、中部圏域の中部セントレア空港と小牧《こまき》空港などは、同じ圏域内の空港が国際路線、国内路線のどちらかを主軸とする住み分けにより共存共栄している。しかし、その場合、絶対に必要となることが二つある。

その第一点目がジェット化に対応した滑走路の延長である。

丘珠《おかだま》空港の一千五百メートルの滑走路では、冬期間の積雪を考慮《こうりょ》すると、ジェット機が通年《つうねん》で運航するには長さが不足している。また、航空会社にプロペラ機での運用を続けさせることは、早晩《そうばん》行き詰まることはこれまでの経緯を見れば火を見るより明らかである。「より早く、より安く」という乗客ニーズに応えるためには、多くのＬＣＣが導入している量産型のジェット機の就航が不可欠なのである。国内航空会社が保有している座席数二百席以下の小型ジェット機が通年《つうねん》運航のために必要な滑走路の長さは、使用機体の種類にもよるが、一千八百メートルから二千メートルの長さが必要である。私は滑走路を五百メートル延伸して二千メートルにすることで丘珠空港《おかだま》の活路《かつろ》を見いだせると考える。

第二点目は、空港へのアクセス改善である。

現在、札幌市内から丘珠空港への主要なアクセス手段は、バス、自家用車・タクシー、地下鉄となっており、都心から地下鉄を利用した場合は、さらにバスへの乗り継ぎも必要となる。

他の国内主要都市と空港間のアクセス交通機関をみると、鉄道や新交通システムなどの軌道系《きどうけい》によるアクセスが確保されているところがほとんどであり、丘珠空港《おかだま》は札幌市中心部から近い距離にあるにもかかわらずアクセス性に劣っており、乗り換えが煩雑《はんざつ》で時間も要することが利用を阻害《そがい》する要因となっている。いくら国際線と国内線で新千歳《しんちとせ》空港との機能分担をさせようとしても、丘珠《おかだま》空港からのアクセスが改善されなければ利用の増加は見込めない。同様に、北海道新幹線札幌駅を含む都心部からのアクセス性も重要である。

このアクセス改善策として、札幌ドーム周辺の整備の項で述べたように地下鉄東豊《とうほう》線を北に延伸し、老朽化した現在の空港ターミナルビルを北側に新築移転し、ターミナルビル直結の地下鉄駅を新たに設けることが考えられる。さらに、高速道路からのバスの乗り入れが実現できれば、新千歳《しんちとせ》空港からの直通（乗り換えなし）も可能となり、飛躍的《ひやくてき》に利便性が向上することになる。

また、バスであれば空港敷地内《しきちない》を走行することで、つどーむまでのアクセスも改善することも可能であり、つどーむ敷地内《しきちない》への商業施設の立地《りっち》などを含めて、オープンから二十年を経過したつどーむの再整備を行うことにより、空港直結型の多目的施設として空港利用者にも周辺住民にも利用される施設として再整備することも可能と考える。

さらに、元のターミナルビル跡地《あとち》にヘリコプターの格納庫《かくのうこ》のほか救急医療用の設備を整えることで、メディカルウイング（高度専門治療を受けられない地域の患者を都市部の病院に運ぶ医療ジェット）の冬期間の運用が可能となるほか、札幌市消防航空隊の消防ヘリも丘珠《おかだま》に拠点を移して防災関係機能が集約でき、効率的な運用と機能向上が期待できるといったメリットもある。

いずれにしても、滑走路の延長と地下鉄の延伸によって丘珠空港《おかだま》の機能は劇的《げきてき》に向上させることが可能であると考えている。

もちろん、滑走路の延伸を行う際は、周辺地域に対する騒音の影響、整備された公園緑地《りょくち》を滑走路に転換する影響、航空機の安全な航行確保のための飛行場の周辺建造物の移転など多くの課題がある。さらに、実際に発着便数と利用客数を増やしていくためには、離発着時間制限や自衛隊の訓練との利用調整など運用上の課題も数多く存在する。

しかし、丘珠空港《おかだま》の発展は、丘珠《おかだま》地域の発展に寄与するばかりではなく、札幌市、北海道の発展に大きく寄与するものである。

丘珠《おかだま》空港に関する問題は、私が初当選時からの課題であり、実に三十年もの長期に渡って解決できなかった。しかし、札幌がさらなる飛躍《ひやく》を遂《と》げるには、丘珠《おかだま》空港の活性化は必須《ひっす》であることを、私は信じて疑《うたが》わない。

六　最近のＡＩと自動運転技術の進展（令和二年追記）

本章において、私は、冬季オリンピック・パラリンピックの招致に合わせた、地下鉄東豊線の再整備～新たな交通軸の形成の必要性について縷々述べてきた。

地下鉄東豊線を札幌ドームからさらに清田区役所周辺まで伸ばせば、道央自動車道の北広島インターまでの距離は約三キロである。地下鉄南北線の真駒内方面と同様に地下鉄トンネルを地上に出し、駅を高架駅とすれば、三キロ程度のアクセス道路を整備するだけで道央自動車道と同一平面での接続が可能となる。空港からの連絡バスが都心部の渋滞を避け、地下鉄東豊線のトンネル内を走行して都心に乗り入れるという構想である。

また、丘珠空港へのアクセスの改善のために地下鉄東豊線栄町方向の延伸を行い、丘珠空港駅を新設すれば、新千歳空港～札幌ドーム周辺地区～都心～北海道新幹線札幌駅～丘珠空港という、海外、日本国内の各地域、北海道内の各都市をつなぐ新たな交流のための動線が生まれることとなる。

この構想は国際都市札幌のまちづくりの上で非常に重要な意味を持つとともに、産業政策としても重要な意味を持つ。この機会にさらに敷衍《ふえん》して述べておきたい。

高速バスを地下鉄トンネル内に通すというと、荒唐無稽にも聞こえる構想ではあるが、自動車が地下鉄トンネル内を安全に走行できるための鍵となる自動運転や電気自動車の技術開発の動きは、我々の想像をはるかに超えるペースで進みつつある。

昨年九月二十六日に、北海道とモネ・テクノロジーズ株式会社が次世代モビリティサービスの活用による北海道の活性化に関する連携協定を締結した。

その連携事項は、

一、最新技術などの情報の収集と共有に関する事項
二、次世代モビリティサービスの実証プロジェクトの検討および実施に関する事項
三、市町村と企業とのマッチングに関する事項
四、その他、必要と認められる事項

となっており、この連携協定に基づき、北海道が抱える移動に関する課題の解決や地

方創生に向けて、次世代モビリティサービスの実証実験を各地域で推進することとしており、すでに安平町と連携して、「安平町デマンドバス」にモネ・テクノロジーズの配車プラットフォームを提供するとともに、同デマンドバスの自動運転化を見据え、車両に設置した通信機器により走行データなどを収集している。

このモネ・テクノロジーズ株式会社は、ソフトバンクとトヨタ自動車の合弁会社としてスタートしたが、その後、国内自動車メーカー各社が資本参加し、現時点での株主構成はソフトバンク、トヨタ自動車、日野自動車、本田技研工業、いすゞ自動車、スズキ、スバル、ダイハツ工業、マツダとなっており、この八社による国内新車販売シェアは約八割を占めている。

自動運転技術の開発においては、グーグルやＢＭＷグループなどＩＴ分野・自動車分野の世界的な企業がすでに熾烈な競争を繰り広げており、資本参加した各社は車の開発・販売では従来どおり競争を続けながら、自動運転技術をはじめとしたＭａａＳ（モビリティ・アズ・ア・サービスの略）分野では協力し、欧米大手企業に対抗していくための体制が構築されているということである。

また、このMaSの進展は、自動車産業だけでなく、物流や人流さらにはサービス業全般に広く影響を及ぼすことが予想されており、モネ・テクノロジーズと協力関係を結ぶコンソーシアムにはコカコーラ、サントリー、JR東日本、フィリップス・ジャパン、三菱地所、ヤフーなどさまざまな業種から企業が参画し、昨年十二月時点で四百五十社を数えており、オールジャパン体制と呼ぶにふさわしい状況となりつつある。

しかし、その一方で、無人での運行が可能となる完全自動運転の実現に向けては、悩ましい課題があるのも事実である。

「トロッコ問題」という言葉を聞いたことがあるだろうか。

一九六〇年代にイギリスの哲学者が、「ある人を助けるために他の人を犠牲にすることは許されるか?」という倫理学上の思考実験のために提唱した命題であるが、ブレーキが効かなくなり、暴走するトロッコ(トロリー、日本では市電に当たるもの。)の先で線路が二股に分かれており、左側には五人が、右側には一人が動けない状態でいる。分岐点の転轍機（ポイント切り替え機）は、今、左側になっており、このままでは五人がトロッコに轢かれて死ぬことになるが、それを避けるために転轍機を右方向へ切り替えると、その先にいる一人を轢くことになる。ポイントの前に立っていて、切り替えができるのはあなたしかいない時、あなたならどうするかという問題である。

この半世紀も前に思考実験のテーマとして提唱されたトロッコ問題が、最近、にわかに現実的な問題としてクローズアップされてきたのは、ＡＩの急速な進化により、自動運転技術の実用化が見えてきたことによる。

事故が不可避となった局面で、ＡＩにどういう選択をさせるか、その行動原理をどうするかが問題となっているのである。

自動車事故の九割は人為的ミスによるものと言われており、自動運転技術は、人間が処理できる以上の情報を人間以上のスピードで処理し、人間以上の正確性で運転操作を行うことにより、この人為的ミスを無くし、交通事故の発生を劇的に減少させる効果が期待できるのは疑う余地はない。しかし、ＡＩはすべてを自律的に決定できるわけではなく、基本的な行動原則は人間が定めてやらなければならない。一〇〇％事故の発生を防ぐことは不可能であり、完全自動運転車がトロッコ問題と同様の状態に陥った時に、どちらを選択するのかを、プログラマーや設計者が決めなければならなくなったのである。

しかし、これは工学的・技術的な課題というよりも人間の倫理観に根差した問題である。このため、マサチューセッツ工科大学の研究チームは、ＡＩを搭載した自律走行車が事故の発生が不可避の状況でどのような判断を下すべきだと思うか、インターネット上での意識調査を実施している。この調査は英語をはじめ一〇言語で実施され、二三三の国と地域に住む約四千万人が回答している。（モラル・マシーンと題された調査ページには、現在でもアクセス可能で、調査への回答が可能である。）

この大規模な調査の結果とその分析については学術誌のネイチャーに論文として掲載されたが、事故が避けられない状況において優先して救うべきなのは、「動物よりは人間、少人数よりは多人数、高齢者よりは若者」ということであった。というよりも、むしろ、この程度の共通点しか導き出せなかったというべきであろう。

この三原則以外は、地域ごとに誰を犠牲にするかについての意見が別れており、例えば、日本やフィンランドのように治安のよい豊かな国では、信号無視をしている歩行者は「優先する対象」とはならないという意見が多く、また、日本は、歩行者を助ける傾向が世界で最も強いなどといった傾向が出ている。

国による傾向の差は上げるときりがないが、文化の違いが倫理観の違いとなっている中で、自動運転にどのようなプログラムを与えるのかの答えが見つかるのか、研究の先は見通せていないように感じる。さらに、それ以上に現実的な問題は、歩行者の命を優先する、あるいは多数の命を優先するために搭乗者の命を犠牲にするプログラムが搭載された自動運転車に乗ろうとする人間がどれだけいるのかという指摘もある。


このように、ＭａａＳの進展は、自動車産業だけでなく、物流や人流さらにはサービス業全般に広く影響を及ぼすことが予想されており、世界的な競争環境の中で官民一体となった取り組みが進められている一方で、自家用車の完全自動運転の実現には、まだ高いハードルがある。

このことを踏まえて、改めて国の方針を見てみよう。

総理大臣を本部長とする高度情報通信ネットワーク社会推進戦略本部が昨年六月に発表した「官民ＩＴＳ構想・ロードマップ２０１９」がある。このロードマップは毎年更新されており、おそらく、現時点で最新かつ最も詳細な戦略であるが、自家用車、物流サービス、移動サービスの三部門ごとに達成目標と目標年次を示している。

物流サービスにおいては、二〇二二年～二〇二四年には「高速道路でのトラックの隊列走行システムの商業化」を行い、二〇二五～二〇三〇年には「高速道路での完全自動運転トラックの実現」を目指すといった目標が示されている。

また、移動サービス分野では、「限定されたエリアでの無人自動運転移動サービス（レベル４）」を二〇二〇年には開始し、二〇二四年～二〇三〇年にかけて「全国の各地域でサービス展開」することとしている。さらに、高速道路のバスの自動運転（レベル2以上）については、二〇二二年～二〇二五年に「高速道路でのバス自動運転の市場化」を目指すとしている。

一転して、自家用車部門においては、物流サービスと移動サービスと比べると具体性が乏しく一般道路での自動運転（レベル2）、高速道路での自動運転（レベル2〜4）とも、二〇二一〜二〇三〇において、「市場展開、さらなる高度化」が掲げられているのみである。

これらを読み解いていくと、自ずと今後精力的に技術開発が進められる分野が見えてくる。一般道路と高速道路で言えば高速道路での自動運転に、自家用車部門と物流・移動サービス部門で言えば、物流・移動サービス部門に力点が置かれているのである。

これは、先ほどトロッコ問題で述べたように自家用車部門での完全自動運転の実現については、高いハードルがあると同時に、そもそも消費者に受け容れられるのかという課題を内包しているのに対して、物流・移動サービス部門では、人口減少と超高齢社会での運輸部門での人手不足の深刻化が喫緊の課題となっていることが反映されていると言えよう。

また、一般道路と高速道路でいえば、一般道路には多数の交差点が存在し、道路環境（道路幅、路側の見通し等）が千差万別であるとともに、路側の駐車車両、自転車走行、歩道からの歩行者の飛び出しなど、自動運転を実現する上での技術的なハードルが圧倒的に高いことが理由であろう。

このように、物流サービス、移動サービス部門における高速道路での自動運転の実現に、官民を挙げた取り組みが進められている中で、札幌がこれらの動きに対応し、積極的に投資を呼び込み、地域経済の活性化につなげていくためにはどのような取り組みが必要か。そこで私が出した答えが地下鉄東豊線の延伸と高速道路との接続、高速バスの地下鉄トンネル乗り入れなのである。

先ほど述べたように深刻化する運輸部門での人手不足に対応するためには、最終的な目標は完全自動運転（レベル5の無人運行）である。しかし、一般道路での自動運転については、ロードマップ2019の目標設定でも、地域限定でレベル4を実現するところ止まりである。これに対して、二〇二二年~二〇二五年に目標設定されている高速道路でのバス自動運転市場化についてはレベル2以上となっている。つまり、完全自動運転の環境さえ整えばレベル4を超えてレベル5での自動運転も実現可能ということである。

しかし、高速道路での完全自動運転の実現に当たって最も大きなボトルネックは、移動が高速道路だけでは完結しないことである。例えば新千歳空港からの移動を考えた場合、空港のバス乗り場から一般道路を経由して道央自動車道に乗り入れ、さらに、一般道路を経由して目的地（ホテル等）に到着するという経路を辿ることになる。高速道路の前後に必ず一般道路を通過せざるを得ない。このため、自動運転の実現のためには、一般道路を安全に通行できる技術水準を達成することが求められることになる。

そこで、新千歳空港から新千歳空港インターの間に自動車専用道路を新設するとともに、高速道路から地下鉄東豊線トンネルへの接続路整備、地下鉄東豊線の丘珠空港への延伸を行えば、一般道路を経由することなく、新千歳空港から都心、新幹線札幌駅、丘珠空港駅までの完全自動運転ルートを構築できるのである。

また、北海道は、冬期間の降雪があり、道路環境が厳しく、自動運転の実現には向かないという意見も聞かれる。しかし、これはむしろ逆であろう。全国どこでも雪が降るこの時代に、降雪があった場合、安全に走行できない自動運転というのは、果たして価値があるのだろうか。また、降雪による凍結路面と同じような、集中豪雨による視界不良と滑りやすい路面は、全国いたるところで発生する。ゲリラ豪雨に対応できない自動運転は、実用性に乏しいと言わざるを得ない。

ゲリラ豪雨や降雪時にも柔軟に対応し、安全走行を実現する自動運転の開発が必要であり、その開発テスト、実証実験のために最も適しているのが北海道であることは、論を待たない。ゲリラ豪雨が年中発生する場所は特定できないが、降雪や凍結した路面環境は冬の北海道では当たり前に見られるからである。

さらに、実証実験だけにとどまらず、商業路線としての完全自動運転を実現する候補地が明らかになることは、間違いなく技術開発を加速し、民間の投資を促進する効果が期待でき、その候補地として、新千歳空港~札幌間が名乗りを上げるべきということである。

首都圏のように高速道路網が張り巡らされた地域では、完全自動運転の環境を構築しようとしても用地確保や施設改修が困難と見込まれ、高速道路と一般道路をリンクさせた現行システムを変更するのは至難の業である。

また、地方の高速道路路線で施設面では実現可能な環境にあったとしても、そこで市場化（営業運転）可能なだけの需要が発生するのかの判断も重要である。特に物流サービスの面では、輸送コスト削減の観点から高速道路利用を回避し一般道路を選択するケースが多いことにも留意が必要である。

そのような需要の観点からも、新千歳空港から札幌への観光客需要は今後とも増加が見込まれ、営業路線として十分採算性を確保し得るものと考える。

全国の高速道路の形状やインターチェンジの配置を詳細に調査したわけではないが、このような完全自動運転環境を実現できるのは、新千歳空港~札幌間以外にないと私は考えるところである。

第五章　観光都市札幌の展望

一　観光は札幌の基幹産業

観光は、札幌を代表する基幹産業の一つである。

来札者は道内外にとどまらず、外国人観光客が特に顕著《けんちょ》に増加している。北海道の発表によると、二〇一七年度（平成二十九年度）に道内を訪《おとず》れた観光客は、前年度比二・六％増の五千六百十万人で、現行の統計が始まった二〇一〇年度（平成二十二年度）以来最多となった。市町村別では、最多が札幌市の一千五百二十七万一千人で、前年度比十％増の百三十九万一千人増加している。

国内外の観光客が全道に落とす消費額は、国・北海道・札幌市それぞれの試算によると、二〇一五年度（平成二十七年度）は、一兆四千二百九十八億円に達し、関連産業を含めると経済規模は二兆八九七億円にのぼる。

国全体の経済波及効果は、五十二兆一千億円で、そのうち札幌の波及効果は五千百八十一億円で、北海道の約二十五％を占めている。

国の観光消費額をみてみると、二〇一七年度（平成二十九年度）の総観光消費額は二十五兆五千億円で、一人当たりの消費額単価は、日本人が宿泊で四万九千七百三十二円、日帰りは一万五千五百二十六円、外国人は宿泊で十五万三千九百二十一円であった。（外国人観光客に日帰り客はほとんどいない。）

国は、二〇二〇年度の観光消費額を二十九兆円に押し上げる計画である。

リーマンショック以降、北海道の観光は一時陰《かげ》りをみせていたが、北海道・札幌市の観光が好調になったのは、国全体の社会経済環境や四季を通じた多彩なイベントの開催、オフシーズン対策、積極的な観光客誘致《ゆうち》などの官民総ぐるみの取り組みの効果が大きく反映されているが、国が観光庁を設置してビザの発給などで規制緩和《かんわ》に踏み切り、インバウンド（訪日外国人）に力を入れたことの恩恵《おんけい》が多大である。

国は経済成長戦略の一つとしてインバウンドの積極的な取り込みを図るために、観光ビザの発給など規制緩和《かんわ》に積極的に取り組んだ結果、年々外国人観光客は増加を見せている。

二〇一七年度（平成二十九年度）に道内を旅行した外国人観光客は、前年度比二十一％増の二百七十九万人で、六年連続で過去最多を更新している。外国人観光客の国・地域別では、最多は中国の六十六万六千人で前年度比二十一・八％増。次が韓国で六十三万九千四百人の同五十・七％増と大幅に増加している。三位が台湾で十六・一％増の六十一万四千八百人。四位が香港で十九％増の二十万三千二百人と続いている。

二〇一七年度（平成二十九年度）に札幌を訪《おとず》れた観光客は、前述《ぜんじゅつ》したように一千五百二十七万一千人に達したが、そのうち外国人宿泊客は二百五十七万二千人で、北海道を訪《おとず》れた観光客のうち九割が札幌を訪れているのである。

二　インバウンドで甦《よみがえ》った狸小路《たぬきこうじ》

このように、札幌の観光は国の成長戦略であるインバウンドに多大な恩恵《おんけい》を受けているが、中でも、狸小路《たぬきこうじ》の復活は目を見張るものがある。

狸小路《たぬきこうじ》は日本最古の商店街の一つで、明治政府が開拓使を設置して間もなくの一八七三年（明治六年）頃には、すでに狸小路《たぬきこうじ》と呼んでいたという。

当初は公娼《こうしょう》の薄野《すすきの》に対する私娼《ししょう》の歓楽街《かんらくがい》としてスタートしていて、西二丁目から西三丁目辺りに、町屋《まちや》や飲食店が建ち並び始め、幾多《いくた》の変遷を経て、その後狸小路《たぬきこうじ》商店街として発展している。

札幌初の市道舗装《ほそう》が完成（一九二五年（大正十四年））したのも狸小路《たぬきこうじ》で、一九四九年（昭和二十五年）から行なわれている歳末《さいまつ》売り出しの「現金つかみどり」は有名である。ある種、札幌の顔として市民にも親しまれてきた。

また、札幌観光の名所として、全国的に知名度が高まった狸小路《たぬきこうじ》商店街であったが、次第に客足が遠のき勢いが萎《しぼ》んでいく。皮肉にもそれは、札幌が黄金期を築くきっかけとなった札幌冬季オリンピック開催の、前年にオープンした地下街（オーロラタウン・ポールタウン）にあった。

春夏秋冬、風雨降雪に関係なく、快適にショッピングが楽しめる地下街に客足が向いたからである。札幌で唯一《ゆいいつ》アーケードのある商店街で、当時は時代の先端をいったが、その衰退《すいたい》は目を覆《おお》うばかりで、一時はシャッター街になることを危惧《きぐ》したほどである。

その狸小路《たぬきこうじ》商店街が見事に復活を遂《と》げ、目を見張るように甦《よみがえ》ったのである。全てはインバウンドのお陰《かげ》と言っても過言ではない。売り上げは最悪時の十倍で、そのうち七割以上は外国人だという。そのためＪＴＢは、特別の案内所を設け、外国人観光客の便宜《べんぎ》をはかっている。

この狸小路《たぬきこうじ》で多くの外国人観光客で賑《にぎ》わっていたのが南2条西3丁目にあったドン・キホーテ札幌店（二〇一八年（平成三十年）四月で入居しているサンデパートビルの再開発のために閉店。現在、南二条西四丁目でドン・キホーテ狸小路店が営業中）であるが、ドン・キホーテが外国人観光客を惹《ひ》きつけた大きな理由が二つある。

ひとつはその販売・陳列《ちんれつ》方法である。これは札幌市内の客にとっても同じであり、行かれたことのある方はお分かりだろうが、手ごろな価格の多種多様な商品が所狭《ところせま》しとうず高く山のように陳列《ちんれつ》されており、お宝探し気分で長時間店内を見て回ることができるのが人気の要因の一つである。

そして、もうひとつが二十四時間営業という営業形態である。中心街の商店の多くが二十時～二十一時ころには閉店し、それ以降も営業しているのは飲食店かパチンコ屋かゲームセンターくらいであり、外国人観光客が夕食を終えた後に家族連れで見て回って、楽しめる場所が他になかったためである。これは札幌のインバウンド対応の課題のひとつが露呈《ろてい》したものでもあるが、それに対するひとつの答えとなるような出来事があった。それが、日本新三大夜景都市の指定である。

三　日本新三大夜景《やけい》都市

二〇一五年（平成二十七年）に札幌が日本新三大夜景《やけい》都市に認定された。一位が長崎市、二位が札幌市、三位が神戸市で、函館市は四位にランクされている。日本三大夜景といえば、かつては函館、長崎、神戸が定番で、必ずその都市には港があった。確かに港は夜景《やけい》に映《は》え、その情景《じょうけい》が人々の心を魅了《みりょう》する。だから三大夜景《やけい》といわれるには港がつきものと思われていた。

ところが、二〇一五年（平成二十七年）十月に行われた夜景《やけい》サミットで、全国約四千五百人の夜景観賞士《やけいかんしょうし》の投票で、日本新三大夜景《やけい》に札幌市が二位と認定された。

認定は三年に一度更新されることになっており、二〇一八年（平成三十年）十月の夜景《やけい》サミットでも、札幌は二位で再び認定されたのである。投票は夜景《やけい》スポットに対して行われており、各都市の夜景《やけい》スポットの投票数の合計数が都市の票となるものである。

前回四位、今回は六位の函館市には、函館山、五稜郭《ごりょうかく》タワーがあるが、夜景《やけい》スポット自体が少ないのに対し、札幌市は、藻岩山《もいわやま》、大倉山《おおくらやま》、テレビ塔、JRタワー、ノルベサ、幌見峠《ほろみ》、旭山記念公園《あさひやま》に加え、さっぽろホワイトイルミネーションといった夜景《やけい》スポットが数多くあり、それぞれに入った票の合計（総合力）で全国二位となったものである。

認定を行う一般社団法人夜景《やけい》観光コンベンションビューローによると、「藻岩山《もいわやま》をはじめ、大倉山《おおくらやま》、札幌テレビ塔、旭山《あさひやま》記念公園など眺望《ちょうぼう》施設も豊富」「北海道ならではの澄み切った空気の中で眺《なが》める大パノラマは見事」「駅上のホテルの客室からの眺《なが》めは絶品」、「さっぽろホワイトイルミネーションや白い恋人パークなど、夜も楽しめるイベントも豊富」など多くの意見を集めたという。

札幌市にとって、日本三大夜景《やけい》都市に再認定されたことは、札幌観光をアピールするための大きな財産を手に入れたことになる。昼夜《ちゅうや》を通じて観光するスポットを数多く有することや夜景《やけい》を楽しめるスポットが多種多様であることは、宿泊日数が延長される可能性が高いからである。

四　インバウンド観光の課題

インバウンドの増加で活況を呈《てい》している札幌観光だが、新たな課題も浮上している。

その一つ目は民泊《みんぱく》の問題である。訪日客は必ずしも大きなホテルや旅館に泊まるとは限らない。世界的なＬＣＣの利用拡大やビザの発給緩和《かんわ》もあって、ＬＣＣを利用する訪日客が飛躍《ひやくてき》的に伸びており、その利用客の多くが簡易《かんい》で安価な宿泊所を求め、そこで登場したのが民泊《みんぱく》である。

政府は、二〇二〇年の東京オリンピック・パラリンピック開催時には首都圏の宿泊施設のキャパシティが大幅に不足することを見越《みこ》し、急増する訪日客への対応で民泊《みんぱく》を奨励《しょうれい》している。

札幌市は国の方針を受け「札幌市住宅宿泊事業の実施の制限に関する条例案」を二

〇一八年（平成三十年）二月二十日、議会に提出。議会の議決によって、同条例は、同年六月十五日から施行されている。

その内容は、条例名が示すように、民泊《みんぱく》による生活環境の悪化を防止する観点から、実施区域を小、中学校などの周辺百メートル以内で授業のある日は営業ができない等、一定の制限を設けたものである。また、民泊《みんぱく》の対象は、既存の住宅を利用者に貸し出すもので、営業日数は一年間で百八十日以下に定められている。（百八十日を超えるものは従来の「旅館業法」に基づく許可が必要）

これによって新たなビジネスチャンスも生まれている。参入する事業者は主にアパート業からの転業《てんぎょう》だが、二〇一八年（平成三十年）九月時点で四百二十五事業者、約一千室が札幌市内で営業している。

関係者によると順調に営業が行なわれ、利用者からは喜ばれているというが、一方では問題も起きている。住宅街を集団で往来する外国人に不安を持っている地域住民がいることだ。さらに、深夜に大声で騒ぐ、ゴミ出しのマナーも守らないなどの声も寄せられている。札幌市は事業者にルールの徹底《てってい》と、管理責任を厳しく求めていかなければならない。

二つ目の課題は災害時の対応である。

昨年発生した北海道胆振東部《いぶりとうぶ》地震が大きな教訓《きょうくん》となった。地震は九月六日未明の三時七分に発生した。この時期、この時間であったことは不幸中の幸いであったと言える。まず、時間的に夜明け直前だったこと。そして暑くも寒くもない時季だったことだ。暖房需要《じゅよう》の高まる真冬だったらどうなっていたか。そして、夕方五時から六時前後に発生していたらどうなっていただろうか。停電により身動きが取れず、暖房も動かない中心街に多くの市民が取り残される事態を想像すると、考えただけでもぞっとする。

震度五弱から六弱という、大地震には誰もが驚愕《きょうがく》し恐怖を感じたはずだ。一番困ったのは、全道一斉に停電したことだ。電源を必要とする交通機関がストップし、テレビと電話がとまり、ケータイやスマホも満足に通じない状況下で、外国人も含め観光客の不安はどれほどのものであったろうか。

札幌市はこれにどう対応したのか。

第一回目の対策会議は、地震発生の約三時間後、午前六時に市役所十二階の大会議室で行なわれた。

観光客関連としては、経済観光局が迅速《じんそく》に動いている。先《ま》ず、「札幌市内ホテル連絡協議会」「札幌ホテル旅館協同組合」「定山渓《じょうざんけい》観光協会」に対して延泊《えんぱく》を希望する観光客への配慮《はいりょ》、つまり、断らないで出来るだけ受け入れてくれるように要請している。しかし、結果として、一部のホテルでは停電やスタッフ、リネンの不足等により、対応できていないところもあった。

同時に行ったのは、観光客向け避難所の開設であった。札幌市内には、避難所が約三百あるが、都心部の避難所に観光客が集中し、一部で受け入れが困難な状況になったことから、急遽《きゅうきょ》、各施設の了解を得た上で、観光客向けの臨時避難所として次頁の表に示した施設を指定している。

この他、宿泊先確保のための支援体制として、九日（日）十時の中島体育センター閉鎖に伴い、「札幌市内ホテル連絡協議会」及び「札幌ホテル旅館協同組合」と連携《れんけい》し、宿泊先を必要とする旅行者のために宿泊先の確保を支援する体制を作り、「札幌

【観光客向け避難所と延宿泊者数】

施設名	六日（木）	七日（金）	八日（土）	延宿泊者数	開設期間
わくわくホリデーホール	わくわくホリデーホールは、六日（木）十五時に閉鎖したため宿泊者はなしとなっている。				六日十三時三十分〜六日十五時
札幌大通高校	四百人	二百二十人		六百二十人	六日十四時〜八日十五時
市民交流プラザ	五百五十人	百三十人		六百八十人	六日十六時〜八日十二時
北海道庁別館	四百人	百四十人		五百四十人	六日十七時三十分〜八日九時
中島体育センター	三百人	三百二十人	三十人	六百五十人	六日十八時五十分〜九日十時
地下歩行空間	七十人	二百五十人	三十人	三百五十人	六日二十時四十五分〜九日十一時
合計	一千七百二十人	一千六十人	六十人	二千八百四十人	

※　各避難所の延《のべ》宿泊者数は右表のとおりで、受付名簿による集計では、宿泊者のうち約六割が外国人。そのうち約七割が韓国人であった。（未記載者も多かったため、厳密《げんみつ》には把握していない。）

国際ユースホステル」「札幌サンプラザ」も活用している。ここで特筆《とくひつ》したいのは、いずれからも全面的協力を得たことだ。

また、定山渓《じょうざんけい》地区での対応としては、各宿泊施設において、同地区に滞在《たいざい》していた観光客約一千人の受け入れをしている。（八日の公共交通機関の運営再開に伴い解消）これに対し札幌市は、災害時における応急生活物資の供給に関する相互協定を締結した企業から、供給を受けた食料品等の生活物資を、定山渓《じょうざんけい》観光協会を通じ支援している。

その他、外国人向け避難所の利用者に対し、次の支援を行った。

・札幌駅構内《こうない》、観光案内所、市役所玄関に、支援開設、交通情報、災害多言語《たげんご》支援センター設置について張り紙を提示して情報発信。

・わくわくホリデーホール閉鎖後は、同ホール前で新たな避難所の周知・誘導。

・各避難所には、交通機関の運行状況などを多言語《たげんご》で提示したほか、要請があった避難所には国際交流員が通訳対応。

・札幌国際プラザに「災害多言語《たげんご》支援センター」を立ち上げ、電話やメールで相談を受けたほか、SNS（ソーシャル・ネットワーク・サービス）を通じて情報発信。

・七日（金）以降は、北海道さっぽろ観光案内所、北海道ツーリストインフォメーションセンター札幌狸小路《たぬきこうじ》、北海道外国人向け相談窓口などに避難所情報を提供。

この他北海道の対応としては、

・観光客向けの多言語《たげんご》電話相談窓口を六日（木）十三時に開設。道庁別館地下一階を、観光客向け避難所として、六日（木）十七時三十分から八日（土）九時まで提供している。

このほか市内事業者の好意的対応も数多くあったが、その中からいくつかを紹介する。札幌を中心に道内で飲食店などを運営する会社が、地震発生の翌日の七日昼、停電による国際線の欠航で帰国できず、札幌市内に留《とど》まる外国人旅行者を対象に、カレーライスを無償《むしょう》提供した。会場となった札幌市中央区の店舗には、旅行会社を通じて外国人約一千人が集まったという。

また、六日のソウル便が欠航したため、ホテルで待機していた韓国人旅行者は「ホテルは延泊《えんぱく》分を無料にしてくれた。日本人のホスピタリーに感動した」と語ったことが報道されている。このほかにも、札幌市中央区のホテルが、温泉大浴場を観光客に無償《むしょう》開放する様子などをマスコミが報じている。これらの対応を通じて、課題として挙《あ》がったのは、観光客の動向を踏まえた上で、都心部における避難所の確保をすること、宿泊事業者や交通事業者などの観光関連事業者との情報共有や連携《れんけい》、多言語《たげんご》対応でタイムリーな情報提供をすること、などである。いずれにしてもこの地震を教訓として、非常災害時の旅行者の安全確保対策を充実していく必要がある。

三つ目の課題は、些細《ささい》なことと思われるかもしれないがトイレの問題だ。

二十年も前のことだが、外国を旅行して一番困ったのはトイレで不自由したことだった。少額だが有料で、洋式なのに便座《べんざ》もなく、座高《ざこう》が高いなど散々《さんざん》だった。周囲は立派な教会や、歴史的な建造物が建ち並ぶ名の知れた大都市なのに、そのトイレ設備のなんと貧弱《ひんじゃく》で不衛生なことか。お陰《かげ》で旅の楽しさが半減した記憶がある。

それ以来、視察や旅行をしていても、いつも気にかかるのはその街のトイレだった。トイレが清潔《せいけつ》であれば気分も壮快だ。

最近では、国内の観光地のトイレも大多数が和式から洋式に切り換えられてきている。それも徐々にではあるが、ウオシュレット（ＴＯＴＯ製）とかシャワートイレ（ＬＩＸＩＬ製）と呼ばれる、温水洗浄便座《べんざ》がセットされたトイレが使用される例も見受けられる。

ご存じの方もいるかもしれないが、橋下徹《はしもととおる》元大阪市長が、当時、大阪市営地下鉄のサービス改革の象徴《しょうちょう》とも言うべき大胆なトイレ改修を、二〇一二年度（平成二十四年度）から四年間かけて行ったのは有名な話である。

それまで、「汚《きた》い・臭《くさ》い・暗い」の３Ｋであったトイレを、明るい（Clear）、清潔《せいけつ》（Clean）、快適《かいてき》（Comfortable）、魅力的《みりょくてき》（Charming）の４Ｃトイレへと変貌《へんぼう》することを目標に実施したのである。清潔《せいけつ》さや快適さだけでなく、魅力的《みりょくてき》という目標を設定したねらいについて、大阪市交通局では、「トイレを通じておもてなしの心を届ければ、地下鉄に対する親近感や愛着の気持ちをもってもらえる。外国から来た人が、母国に帰って大阪のトイレの魅力を伝えてくれる。」「新しい地下鉄のトイレのコンセプトを『ホスピタリティコミュニケーション』に据《す》えた。」と語っている。

大阪市には、地下鉄路線が縦横《じゅうおう》に走っており、無数のトイレがあるが、二〇一二年度（平成二十四年）から一部の路線を除く百十二駅を対象に「少なくともすべての駅の一ヵ所、トイレを改修する」のを目標に改修を進め、二〇一六年度（平成二十八年度）末までに累計《るいけい》百八駅で完成した。すべての便器を和式から洋式に交換。男女一か所ずつにオストメイト対応の便器を設置、全ての女性トイレにパウダーコーナー、手洗い付近にベビーチェアーを設置した。女性、子ども、ハンディキャップのある人など使う人の立場に立った改修を行い、木目調《もくめちょう》の内装など、インテリアデザインも一新した。これにより、新大阪駅のトイレは、二〇一五年（平成二十七年）、鉄道のトイレで初めて「日本トイレ大賞・国土交通大臣賞」を受賞した。このような大阪市地下鉄の動きは、関西圏の各私鉄にも影響を与えており、関西圏全体のトイレ改修に影響を与えているようである。

高齢化社会が進む中、公共のトイレは基本的にすべて洋式化を進めるべきであり、さらには、衛生面を考慮《こうりょ》すると、できれば温水洗浄便座《べんざ》の普及も進めるべきである。

ある関西の私鉄で、温水洗浄便座《べんざ》そのものが盗まれた事件があったことや、手入れの仕方《しかた》や耐久性の課題もあることは承知しているが、札幌市も地下鉄など、観光客も多く利用する場所のトイレは温水洗浄トイレを設置すべきである。大通公園、中島公園、円山公園など主要な施設や場所も同様である。公共のトイレはその都市のイメージに直結するからだ。

五　札幌市観光の課題〜通過型観光

北海道観光の好調さは、そのまま札幌観光の好調さにつながる。

北海道観光の〝起点〟でもある札幌の入込数《いりこみすう》も、北海道全体の好調さと相乗効果を発揮しながら増加傾向を示している。札幌を訪《おとず》れた観光客は、一千三百万人台で推移《すいい》したのち順調に伸び続け、二〇一七年度（平成二十九年度）には一千五百二十七万一千人で過去最多となった。

ただ、数字の上では賑《にぎ》わいを見せ、道内トップの座にあるが、長期的視野《しや》で札幌観光を考えた場合、手放《てばな》しで喜んではいられないのではないか。私は強くそのように感じる。

私があえて「札幌観光の危機」を訴《うった》える理由は、北海道観光に占める札幌のウェイトである。つまり、札幌はあくまでも北海道観光の〝出発点〟ないしは〝終点〟であって、北海道を訪れる観光客の主な目的ではなさそうだという点にある。

札幌市は一九八七年度（昭和六十二年度）以降、道外主要都市の住人を対象に「札幌のイメージ調査」を行ってきたが、「行ってみたい都市」では常に、全国ベスト3に入っている。これは、本州方面の人たちが北国の都市・札幌に抱く憧《あこが》れを現《あらわ》したものので、一方では、実際に観光を目的に来道するとなると「札幌に一泊か二泊したい」が、主な目的ではない」という結果であった。

問題は、現在行われている同様の調査でも、私が初当選した二十八年前と変わらぬ同じ結果があらわれていることである。

札幌への憧《あこが》れは抱くが、いざ来道するとなると二泊するほどの、これといった観光地が見つからないのが実態ではないだろうか。この〝理想と現実〟のギャップにこそ札幌観光の危機が読み取れる。

国は今後もインバウンドを強力に推進する方針である。これを受け北海道は、二〇二〇年度に、外国人旅行客を五百万人に引き上げる目標を掲《かか》げている。これを達成するには、二〇一七年度（平成二十九年度）の実績をほぼ倍増させなければならない。北海道を訪れる外国人のほとんどが、札幌に一度は宿泊している。このチャンスをどう生かすかである。札幌観光の課題は、前述《ぜんじゅつ》したように〝出発点〟か〝終点〟ではなく、行きも帰りも、できればそれ以上に宿泊してもらうことである。年々増加するインバウンドをどう取り込むかで、札幌観光のピンチはチャンスに変えることができるのである。

この危機にどう対処《たいしょ》していくかを考えた場合、大きな柱となるのは、観光客の満足度の向上、新たな観光の魅力《みりょく》の創出、そして、観光を超えた訪問目的の創出であると考える。

六　観光客の満足度向上～優《すぐ》れた観光人材の育成

観光客の満足度の向上については、一度札幌を訪《おとず》れた訪問客にリピーターとなって

「もう一度来たい」と思わせるようなホスピタリティの実現である。所用《しょよう》で来たついでに観光した観光客が次は個人旅行で、団体旅行で来た観光客が次は家族旅行で来たいと思わせるようなおもてなし~ホスピタリティである。北海道は広大な土地に様々な観光名所があることから、一度の訪問ですべてを回ることは困難である。前回行けなかった所を訪《おとず》れるために北海道を再訪《さいほう》する観光客が、「札幌も楽しかったので、また札幌に泊まろう」と思うか、「今度は札幌には泊まらず、別のところに泊まろう」と思うかの差は、今日のようにツイッターやインスタグラムなどで個人が簡単に情報発信でき、それが拡散していく時代には、非常に大きな差となって表れる。

先ほど触れたトイレの環境改善も、まさにこのホスピタリティの向上のための取り組みであり、また、非常災害の際の観光客に対する手厚い支援もホスピタリティの向上に寄与するが、ホスピタリティ向上のためになんと言っても最も重要なのは、優《すぐ》れた観光関連人材の育成に尽《つ》きる。

この札幌観光の好況の中でも、ホテルの客室稼働率《かどうりつ》がなかなか九十％超えしない理由をホテル関係者に聞いたことがあるが、「どうしても当日キャンセルや設備の故障などがあり百%にならない客室稼働率《かどうりつ》を、いかに上げるかがフロントで一番苦労していることです。そのためにキャンセル率を見込んでダブルブッキング（予約を二重に入れ客室数以上の予約を受け付けること）などもしていますが、最近、最盛期《さいせいき》に顕著《けんちょ》なのが、ベッドメーキングをする人手が足りず、部屋を稼働《かどう》させられないことです。」との話であった。

また、別の関係者からは「最近の若者は、休日に休めない、接客《せっきゃく》が苦手などの理由でサービス産業を敬遠《けいえん》する傾向があり、フロア係やレストランのホール係など一部の従業員については派遣社員《しゃいん》やアルバイトなどに頼らざるを得ない状況にあります。もちろんマニュアルを整備しているので通常業務はこなせますが、問題になるのはトラブルが起きた場合の初期対応で、これによってホテルの評判が良くもなり悪くもなるので、一番の不安材料です。さらに言えば、これだけインバウンドが増えてくると外国語対応できる従業員の不足は明らかです。」という話があった。

観光産業はサービス産業であり、そのサービスを支えているのは人材である。観光サービスに従事する人材の量と質の両面での確保が重要であり、各事業者、業界団体が様々な取り組みを行っているが、それをさらに強化していくために、行政の支援はもとより、大学や専門学校などの教育機関との連携《れんけい》を深めていかなければならない。

七　新たな観光の魅力《みりょく》の創出～定山渓《じょうざんけい》を札幌のリゾートに

次に、新たな観光の魅力《みりょく》の創出についてであるが、インバウンドに対する札幌観光の弱点は、市内に外国人の求める自然環境を活かしたリゾート地がないことである。そのため、多くの外国人観光客が、ニセコ、富良野《ふらの》に流れている。

近年、ニセコはインバウンド対応の施設の建設が続いていて、地価《ちか》は年々上昇中だと言われているが、宿泊客は主に、インバウンドの比率のとおり中国人が多いという。以前ニセコは、オーストラリア人など欧米人《おうべいじん》の観光客が多くを占めていたが、中国人の増加に押されるように、欧米人は富良野《ふらの》に流れているのが実情だ。この状況をどう見るかである。

札幌にリゾート地があれば、その立地《りっち》からして当然取り込めるのではないだろうか。私はその可能性があるのは定山渓《じょうざんけい》を中心とした地域だと思っている。

定山渓《じょうざんけい》は、札幌市の南西部、豊平川《とよひらがわ》上流に位置する温泉地で、「定山渓《じょうざんけい》」の名称は、温泉を拓《ひら》いた僧の名「定山《じょうざん》」に由来《ゆらい》する。定山渓《じょうざんけい》は札幌の奥座敷《おくざしき》として栄えた温泉地で、一九一八年（大正七年）から一九六九年（昭和四十四年）まで、市内白石区東札幌から定山渓《じょうざんけい》まで定山渓《じょうざんけい》鉄道が走っていた。利用客は道外からも大勢訪《おとず》れ、市民からも観楓会《かんぷうかい》などの行楽地《こうらくち》として賑《にぎ》わいを見せた国内でも有数の温泉地である。

しかし、時代の経過とともに利用客は下降に転《てん》じ、二〇〇二年度（平成十四年度）の約百八十万人から減少し、現在は百六十万人台で推移《すいい》している。この現状をどう再生させるかが課題だったが、定山渓《じょうざんけい》をリゾート地としてリニューアルできれば問題は一挙に解決することになる。定山渓《じょうざんけい》には外国人に人気のある温泉に加え、札幌市が所有する国際スキー場がある。温泉は市民や旅人が湯治場《とうじば》として利用した良質の温泉である。これを有効に活用すれば外国人に受けるのではないだろうか。

定山渓《じょうざんけい》観光協会も、こうした現状に危機感を募《つの》らせ対策に取り組んでいる。過去においては、旅行は中流以上の人たちが主だったが、昭和四十年代の高度経済成長期に伴《ともな》って旅行は大衆化し、旅館、ホテルも大型化している。しかし、その団体旅行を取り込むための動きは、ホテルのサービスの均質化《きんしつか》や温泉街《おんせんがい》の衰退《すいたい》という弊害《へいがい》も生み出してきている。

近年は、旅行形態の中心が大広間《おおひろま》を使用する団体客から個人旅行へと変化しているニーズや、外国人の旅行客に対応していくため、官民一体となって魅力《みりょく》向上を図るため「定山渓《じょうざんけい》観光魅力《みりょく》アップ構想」を策定して定山渓《じょうざんけい》エリアの活性化に取り組んでおり、各ホテルがそれぞれ特徴《とくちょう》を打ち出し個性化する動きや体験型観光の取り組み、さらには温泉街《おんせんがい》復活を目指した動きも出てきている。

このような取り組みの中で、より質の高いサービスを打ち出し、リゾートとしてのイメージアップを図り、富裕層《ふゆうそう》の外国人宿泊客を獲得《かくとく》していく大胆な発想が必要なのではないだろうか。国内観光客に加え、インバウンドを取り込むことこそ、定山渓《じょうざんけい》観光の起死回生《きしかいせい》策である。

八　観光を超えた訪問目的の創出～期待される新MICE《マイス》施設

札幌市は、新MICE《マイス》施設を、中島公園と隣接する札幌パークホテルの建て替えと併《あわ》せ、同地に札幌パークホテルと一体整備する案を固め、整備計画を明らかにした。パークホテルの所有会社サンケイビルから、パークホテルとの一体整備の提案を受けてのことである。計画では、基本・実施設計と再開発手続き等を二〇二〇年初旬までに終わらせ、同年夏頃に建設に着手、二〇二五年頃に完成、供用《きょうよう》開始の予定となっている。その手順として、新ホテルの客室棟《とう》を現在のパークホテルの駐車場に建設。その後、現在のホテルを解体、その場所に、新ホテルの主要部分とＭＩＣＥ《マイス》施設を建設するものとみられる。

ＭＩＣＥ《マイス》は、一般には聞きなれない言葉だが、Meeting（会議・研修）、Incentive（招待旅行）、Conference（国際会議・学術会議）またはConvention、Exhibition（展示会）またはEventの四つの頭文字を合わせた言葉である。ＭＩＣＥ《マイス》はインバウンドと並ぶ重要な経済・観光の柱でもある。札幌市は、ＭＩＣＥ《マイス》は高い経済効果や、国際的なブランド力の向上に繋がるものと期待し、二〇〇三年（平成十五年）に東札幌地区に札幌コンベンションセンターを開業している。比較的早い時期からＭＩＣＥ《マイス》（国際会議等）誘致《ゆうち》の取り組みを実施してきた。一定の成果を上げたものの、札幌コンベンションセンターは、ホールと展示場が併設《へいせつ》されていないことや立地《りっち》が良くないなどの課題があった。そのため、都市間競争が激化《げきか》する中で、都市の規模・魅力度《みりょくど》、キーパーソンとなる大学の立地《りっち》など、MICE《マイス》の誘致《ゆうち》・開催に有利となる条件には優《すぐ》れているものの、前述《ぜんじゅつ》のように、展示場とメインホールが併設《へいせつ》された施設がないことや、MICE《マイス》施設と宿泊施設の近接性が劣《おと》ることなどにより、国内の国際会議開催上位都市と比較し、大規模な国際会議の件数や開催割合が大きな後《おく》れをとっている状況であった。

国際会議参加者数を増加させるためには、増加傾向にある大規模会議を一層誘致《ゆうち》していくことが重要となる。そのため、他都市と比べて、札幌市が劣《おと》っているハード面の環境改善を図ることも重要であった。また、MICE《マイス》に関しては、国際的な都市間競争も激しく、国際会議や主要な大規模学会などは大都市間で激しい誘致《ゆうち》合戦が繰り広げられている状況にあり、多くの都市で一定規模以上のMICE《マイス》施設の整備が進められている状況にある。このため、最近はユニークベニューと言って、いかに他とは異なる特徴的なMICE《マイス》の開催が可能かが重要視される傾向にある。

その点で見ても、今回新たに建設されるＭＩＣＥ《マイス》施設は中島公園内に建設され、しかも、その敷地内には音楽ホールのＫｉｔａｒａ《キタラ》のほか、歴史的建造物である豊平館《ほうへいかん》や八窓庵《はっそうあん》、北海道文学館などが立地《りっち》している。このため、これらの施設との連携《れんけい》や公園敷地《しきち》の有効利用によって、他の都市では類を見ないＭＩＣＥ《マイス》の開催が可能になると期待されるところである。

施設完成後のＭＩＣＥ《マイス》誘致《ゆうち》目標は、国際会議参加者総数を東京都、横浜市に次ぐ国内トップレベルとし、二〇一六年度（平成二十八年度）の実績である国際会議参加者総数六万三千人、国際会議開催数百十五件、インセンティブツアー誘致・支援件数七十八件を、それぞれ十六万五千人、二百四十一件、百件に引き上げるとしている。ＭＩＣＥ《マイス》誘致は戦略的課題でもあり、戦略上有利となる取り組みがより重要であることは論《ろん》を待たない。

これまで札幌観光の現況と課題について、様々な角度から私の考えを述べてきたが、これらをクリアすることによって、札幌市が国際観光都市として立脚《りっきゃく》することが可能であると確信する。

第六章　市街化調整区域の有効活用

一　市街化調整区域を研究テーマに選んだわけ

私が七十歳になってから、北海道科学大学大学院で学んだことはすでに述べているが、詳述《しょうじゅつ》すると工学研究科で都市計画を二年間学び、二〇一八年（平成三十年）三月に修士課程を修了し、現在も研究生として研究を続けている。私の研究テーマは本章のタイトルそのもので、「札幌市における市街化調整区域の有効活用」である。

それは、人口減少が急速に進む現代社会では、都市計画に係る現行の法規制や運用などがうまく機能しなくなっていると感じたからである。実際に、二〇一三年（平成二十五年）以降の三年間で、札幌市内の有力食品製造業者が、市外に工場を（中には本社機能も）移転したケースが六社にのぼっており、今後も他に同様の事例が続く可能性があることが判明している。

工場が市外に移転することは、それにかかる固定資産税もそうだが、そこで働く人たちも一緒に移住する可能性もある。そうなるとその分の税収も失われることになり、それを止める手立てを考えないと、後々、札幌市にとって多大な損失につながると考えたのである。

そして、移転した事業者のいずれもが、札幌市内に適地《てきち》があれば移転しなかったと回答しており、札幌市によるアンケート調査にもその傾向がハッキリと表《あらわ》れていた。実は札幌市内には、二十一の工業団地・産業団地があるのだが、ほぼすべての区画が分譲《ぶんじょう》済みである。

そこで私が着目したのは、土地利用に制限があり、未利用の土地が多い市街化調整区域であった。私は大学院での研究テーマを「市街化調整区域の有効活用」とすることを決め、議員活動のかたわら二年間の研究生活を送ったのである（学生生活を楽しんだとも言える）。

従って本章の内容は、私の大学院での研究内容の一部であり、修士論文の肝《きも》の部分でもある。以下、札幌市の都市計画の過去の経緯《けいい》と現状、市街化調整区域の課題と対応方法など、その方策を具体的に記述させていただく。

二　札幌の計画的な市街地整備を支えてきた線引き制度

まちづくりの基礎となる都市計画区域を「市街化区域」と「市街化調整区域」に区分する「線引き」制度は、一九六八年（昭和四十三年）の都市計画法の制定によって制度化された。

高度成長期における旺盛《おうせい》な宅地開発ニーズを背景として創設されたこの制度は、開発を認める範囲（市街化区域）を画定《かくてい》することで、虫食い開発を防止しつつ計画的な市街地整備を誘導《ゆうどう》することがその目的であった。土地利用に関する都市計画制度として、これまで長きにわたり根幹的《こんかんてき》な役割を果たしてきたものである。

札幌でも一九七〇年（昭和四十五年）に初めて線引きが実施されて以降、数度の見直しで市街化区域を随時《ずいじ》拡大しながら、人口と産業の集中に対応した都市整備が進められてきた。

札幌では都心部から同心円的《どうしんえんてき》に市街地が拡大されてきたが、戸建住宅を中心とした郊外住宅地は、その多くが当初線引き以降に整備されたものである。いずれの住宅地も道路や公園などのインフラと公共施設が高い水準で確保され、今日に至《いた》るまで良好な住環境が維持されてきており、線引き制度の厳格かつ適切な運用がこうした住宅地の開発を支えてきたことが分かる。

三　安定成熟期においては線引き制度の意義が変化

一方、今日では日本の人口は減少局面に入った。そして、札幌も近い将来、人口は減少に転《てん》じることが確実視されている。

このような安定成熟《せいじゅく》期においては、これまでのように将来の人口増に備え、優先《ゆうせん》的《てき》に開発すべき区域を画定するため線引き制度を運用する必要性や合理性は薄い。

ただし、だからと言って線引き制度自体を廃止すべきとするのは早計《そうけい》である。人口減少下においても都市の機能を確保し、その活力を保持していくためには、これまで拡大整備を続けてきたインフラを適切に維持・更新していかなければならない。そして、インフラの維持・更新を無理なく行い、都市を持続《じぞく》させていくためには、おのずと将来の人口規模に応じた適切な市街地規模というものがある。

つまり今後は、線引き制度の意義を「市街地を計画的に拡大整備する」ためではなく、「市街地を適切に維持管理して持続させる」ためと、とらえ直すべきなのである。

四　市街化調整区域の役割も積極的にとらえ直すべき

こうした前提に立てば、これからは市街化調整区域の役割もとらえ直す必要がある。

これまでの都市拡大期における市街化調整区域は、「将来の人口増加に備え、当面は開発を保留するエリア」としての役割を有していた。まさしく「市街化を調整」するためのエリアであり、土地利用についてはこれ以上の特定の目的をもたない、消極的なエリアであった。

しかしながら今後は、市街地の計画的な拡大が前提でなくなる以上、市街化調整区域が「市街化を調整」する役割を果たす必要はない。ならば今後の役割とは何か。

私は、線引き制度の意義が「市街地を適切に維持管理して持続させる」ことに変化することに照らせば、今後の市街化調整区域の役割も「今ある市街地を持続させるため」の視点でとらえ直すべきだと考える。

　こうした視点から市街化調整区域の具体的な役割を検討するには、従来の価値観の大きな転換《てんかん》が必要である。つまり、市街化調整区域の土地利用について消極的な姿勢に終始《しゅうし》するのではなく、「今ある市街地の持続のため」の有効活用策を積極的に考える立場に立つべきなのである。

五　札幌の市街化調整区域には潜在的《せんざいてき》な可能性がある

　札幌の市街化調整区域は、都市計画区域の六割近くを占め、市街化区域よりも広大な面積を有している。

　南西部の山地・丘陵地《きゅうりょうち》には、豊かな森林に囲まれた定山渓《じょうざんけい》温泉や果樹園、スキー場などがあり、北東部の低平地には、集団的農地やモエレ沼公園、サッポロさとらんどなどがある。それぞれに特徴的な地形や資源が分布している状況だ。

　一方で、線引き制度の導入以前に開発された既存住宅団地も一部散在している。ただし、これまで線引き制度を厳格に運用してきた経緯《けいい》から、無秩序《むちつじょ》な虫食い開発が目立つ状況にはない。また、現実として違反建築物の立地《りっち》も見られる状況ではあるが、市街化調整区域全体の広がりからみると、それも一部に留《とど》まっている。

このように、広大な札幌の市街化調整区域は、様々な有効活用策を探る潜在的《せんざいてき》な可能性がある。積極的な姿勢で有効活用策を探《さぐ》り、将来に向けてその潜在力《せんざいりょく》を引き出していくことが求められるのである。

六　札幌の魅力《みりょく》と活力を高める有効活用に新たな道筋《みちすじ》を

将来を見据《みす》えて市街化調整区域の役割をとらえ直し、その潜在力《せんざいりょく》を引き出すために、まずは「今ある市街地を持続させる」ことにつながる土地利用に対して、柔軟《じゅうなん》な姿勢で臨《のぞ》むことが肝要《かんよう》だ。

もちろん無秩序《むちつじょ》な住宅地開発は、インフラの維持管理負担の増大を招くとともに、コミュニティを郊外に拡散《かくさん》させて既存市街地の衰退《すいたい》を招く懸念《けねん》もあることから、安易《あんい》に認めるべきではない。

しかしながら、「過度《かど》な公共投資を要しない」ことを前提に、「既存の市街化調整区域の資源を生かし」、その特長を伸ばして「札幌の魅力《みりょく》と活力を高める」土地利用を誘導《ゆうどう》することは、「今ある市街地を持続させる」観点からも有効だといえる。

こうした有効活用策を具体化するには慎重な検討が必要となろうが、その切り口として以下を提案しておきたい。

七　既存の観光資源を生かすための有効活用

モエレ沼公園・サッポロさとらんど周辺は、市の上位計画でも重要な拠点の一つに位置付けられており、新たな有効活用策を優先的《ゆうせんてき》に検討すべきである。国内外から多くの観光客を集める代表的な観光資源でありながら、市街化調整区域にあるため周辺には荒地《あれち》も広がっている現状だが、観光客等が休憩、飲食できる施設などの立地《りっち》をうまく誘導《ゆうどう》するための規制緩和《かんわ》をすれば、エリア全体としての魅力《みりょく》を高めていくことができる。

このことについては市としても問題意識をもっており、今後当該エリアについて規制緩和《かんわ》の具体策を検討していくとのことである。ただし、同様の考え方で検討すべき資源は他にもある。将来に向けてその対象をさらに広げていくべきだ。

例えば定山渓《じょうざんけい》では、温泉や果樹園などの既存資源を楽しむために、豊かな自然に囲まれた長期《ちょうき》滞在《たいざい》施設のニーズがあるかも知れない。また盤渓《ばんけい》では、海外からのスキー場利用者の増加に対応し、冬季スポーツと関連付けた販売・飲食スペースを充実させれば喜ばれるかもしれない。

いずれも、行政が過度《かど》な基盤整備を行わないという前提で適度に規制緩和《かんわ》を行うことで、既存資源を生かしつつ、今ある市街地も含めた札幌全体の魅力《みりょく》向上につながる有効活用が実現できるものと考える。

八　物流《ぶつりゅう》機能の高度化を支えるための有効活用

さらに、今後特に重要になると考えるのは、物流《ぶつりゅう》の高度化を支えるための市街化調整区域の有効活用である。

札幌ではこれまで、大谷地《おおやち》流通業務団地のほか複数の工業団地の造成・分譲《ぶんじょう》を市街化区域内で行ってきており、それぞれに工場や倉庫等が立地《りっち》しているが、これらの施設の中には新築から一定の年数を経過して建て替え時期を迎えているものも多い。工場や倉庫等を建て替えるためには大規模な土地を確保する必要があるが、現状において市内に適地《てきち》を確保することは容易《ようい》ではなく、現に適地《てきち》を求めて近隣市へと転出していく事業者も出てきている。これに伴って雇用と税収も市外に流出することから、まちづくりに与える影響は看過《かんか》できない。

加えて、インターネット販売の急速な普及拡大などを背景に、近年の物流《ぶつりゅう》の高度化は目覚《めざ》ましく、物流《ぶつりゅう》施設もますます大型化する傾向にある。道内最大の消費地である札幌にとって、こうした物流《ぶつりゅう》機能のニーズ変化への対応は重要課題である。「今ある市街地を持続させる」ためにも、具体的な手を打たなければならない。

その具体策として、市街化区域を拡大し、行政主導で新たな物流《ぶつりゅう》基地を造成することも考えられるが、将来に向けて行政コストの縮減《しゅくげん》が求められる中、ベストな選《せん》択肢《たくし》と言えるかは疑問だ。そこで、私が提案したいのは、民間の力を活用しながら、市街化調整区域において物流《ぶつりゅう》機能の立地を誘導する方策である。

開発が抑制《よくせい》される市街化調整区域では基本的にインフラ整備も実施されないが、都市間を結ぶ道路などは市街化調整区域を越えたネットワークが必要であり、現に札幌の市街化調整区域にも一定の道路網は確保されている。こうした道路の沿道に物流《ぶつりゅう》施設の立地を認めることは、道路機能に対応した土地利用を図るとともに、市街化区域内の住宅地の環境保護にもつながるものである。

札幌市でも現在、市街化調整区域に物流《ぶつりゅう》施設の立地《りっち》を認めている路線があるが、対象の路線はごく一部であり、利用可能な土地も当該路線に接した部分だけに留《とど》まっている。今日的な物流《ぶつりゅう》ニーズへの対応の観点からは不十分と言わざるを得ず、より踏み込んだ誘導《ゆうどう》方策を構築すべきである。

新たな誘導策《ゆうどうさく》を講ずべきエリアとしては、まず、地形的に平坦で大規模な土地を確保しやすいことが求められる。また、円滑な物流《ぶつりゅう》のためには高規格道路やインターチェンジに近いことも必要だ。こうした観点からは、やはり北東部の市街化調整区域に適地を求めるべきであり、例えば、東米里《ひがしよねさと》や新琴似は有力な候補となりうるだろう。

また、立地《りっち》を認める土地の区域としては、現状のように特定路線に面した部分に限定するのではなく、ある程度面的《めんてき》な広がりをもって指定することが必須《ひっす》だ。路線上に散在《さんざい》させるより、むしろ面的《めんてき》に集約させた方が周辺環境への影響はコントロールしやすいし、関連施設を近接して立地《りっち》させるなどの事業者ニーズにも応えやすい。

このように面的な規制緩和《かんわ》によって物流《ぶつりゅう》施設を誘導する場合、上下水道や道路など一定程度の施設整備は必要となるため、行政負担の増大は懸念《けねん》されるところであるが、市街化区域内の工業団地とは異なり、あくまで民間活力による有効活用であることから、必ずしも行政がすべてを担《にな》う必要はないし、担《にな》うべきでもない。例えば、行政は当該区域への主要なアクセス道路のみを整備し、もっぱら区域内の事業者が使う道路等はすべて民間の整備・管理に委《ゆだ》ねるなど、可能な限り行政コストを縮小した整備手法をとるべきである。

もちろん、事業性について慎重に見極《みきわ》めることも求められるが、市街化区域に比べて地価が大幅に安いことから、検討の余地《よち》は十分にあると考える。雇用創出や税収確保といったプラスの効果があることも含め、総合的な視点で検討していくことが必要だ。

以上の他にもまだ有効活用の方策は考えられるかもしれない。人口減少に伴う活力低下が懸念される今だからこそ、前向きな視点で新たな道筋《みちすじ》をつくる努力をすべきなのである。

第七章　人生百年時代を支えるまち

一　子どもとお年寄りは社会の宝、国の宝

「子どもとお年寄りは社会の宝、国の宝」、この言葉は私の政治家としての最も大切な理念だ。

未来を担《にな》うのは子どもたちであり、お年寄りは今の社会をつくり上げてきた人たちだからだ。極言《きょくげん》するなら、社会の宝である子どもたちがしっかりと育ち、お年寄りが安心して暮らせていれば、それは理想的な社会と言える。

しかし、残念ながら少子高齢化が進む今の日本は、子どももお年寄りも安心して生活することが困難な社会になっている。

そのような中、国は「人生百年時代構想会議」を立ち上げ、一億総活躍社会実現を目指している。その本丸《ほんまる》は人づくりであり、子どもたちの誰もが経済的事情にかかわらず夢に向かって頑張《がんば》ることができる社会、いくつになっても学び直しができ、新しいことにチャレンジできる社会、人生百年時代を見据《みす》えた経済社会を構想していくとしているが、問題はいかにして健康寿命を保てるかである。長寿であっても寝たきり

の人たちも大勢いる。介助や介護をする家族にとっても深刻な問題となっている。

一方では、人口減少時代に突入したと言われている。事実、札幌でも南区、厚別《あつべつ》区、清田《きよた》区が人口減少に転じている。

本章では、現状を確認しながら、子どもとお年寄りに視点をあててみたい。

二　子どもの減少が止まらない

「子どもの減少がとまらない。」と書き始まるコラムが二〇一八年（平成三十年）九月二日の北海道新聞朝刊に掲載された。日本総合研究所の藻谷浩介《もたにこうすけ》主席研究員が執筆したものだ。

氏は、「ゼロ歳児の数は直近のピーク時の半分以下になってしまった。だが、沖縄県や島根県のように前の世代に比べて減っていない自治体がある。そのような地域の共通点とは何か。」として、「子どもをお酒に例えるとは不謹慎《ふきんしん》だが」と断りながら、子どもの数をビアガーデンで飲むジョッキの杯数に例えて説明している。

ビールを飲める人、飲めない人がいても、人数が集まると「何杯飲んでも料金は割《わ》り勘《かん》」というのが普通に行われている。この割り勘ルールだと、割り勘負けしないようにと、飲める人の杯数が増える。

それと同様に子どもを産める人も産めない体質の人もいるが、「何人産んでも負担は割《わ》り勘《かん》」という仕組みが存在する自治体は、子どもを産まない人もいるが三人、四人、五人と産む人も存在する。その結果、出生率は高くなっていると言うのだ。

多少乱暴な比喩《ひゆ》ではあるが、国の調査によれば、理想と思う人数の子どもを産まない理由として最も多いのが「子育てや教育にお金がかかりすぎるから」であることを考え合わせると、一聴《いっちょう》に値する話ではないだろうか。

札幌は、もともと子どもの産まれる数が少ない土地柄《とちがら》だと言われており、今も子どもの減少は止まっていない。札幌市の出生数は、第二次ベビーブーム期である一九七四年（昭和四十九年）の二万四千五百二十五人をピークにほぼ減少を続け、二〇〇五年（平成十七年）には一九七四年（昭和四十九年）以降最低の一万四千百八十四人となった。以降は横ばいで推移《すいい》してきたものの、二〇一七年（平成二十九年）は一万三千九百七十一人まで落ち込んでいる。

一人の女性が一生の間に産む子どもの人数である合計特殊出生率も、一九七四年（昭和四十九年）の一・九三をピークに低下傾向にあり、これも、二〇〇五年（平成十七年）には一九七四年（昭和四十九年）以降最低の〇・九八を記録した。以降若干上昇していたが、二〇一六年（平成二十八年）は再び減少に転じ一・一六となった。これは全国平均の一・四四を大きく下回っており、都道府県で最も低い東京都の一・二四よりもさらに低い水準となっている。

この合計特殊出生率には、女性の婚姻の有無と結婚した後に何人の子どもを持つかが、大きな影響を与えていると考えられているが、札幌市では出生率の高い二十五歳から三十九歳までの年齢層において、全国と比べ未婚率《みこんりつ》が高く、夫婦間の子どもの人数も大きく下回っている。

札幌市が実施したアンケートによれば、未婚《みこん》の女性の結婚への障害については「結婚後の生活を維持していくための資金」、結婚した後の子どもの数が少ない理由についても「収入が不安定なこと」という回答が最も多くなっている。

子どもは、未来の札幌を担《にな》う社会の宝だ。子どもを産もうと思える環境を整えることは、持続可能な社会を構築するために行政に与えられた最大の責務《せきむ》なのである。

三　子どもをめぐるさまざまな問題

少子化問題に加えて、子どもの貧困、児童虐待《ぎゃくたい》、いじめや不登校、犯罪に巻き込まれる子ども、保育所の待機児童の問題なども大きな社会問題となっている。子どもや子育て家庭を取り巻く環境の変化により、かつては子どもを産み、育ててきた家庭や、子どもや子育て家庭を見守ってきた地域の子育ち、子育て機能の低下が原因と言わざるを得ない。

日本全体の子どもの相対的貧困率は、二〇一五年（平成二十七年）数値で十三・九％、実に七人に一人が貧困状態にあり、これは世界的にも最悪の水準なのである。中でもひとり親家庭のそれは五十・八％と非常に厳しい現実におかれている。札幌市における貧困率は明らかにされていないが、札幌市の生活保護受給率が全国トップクラスであることを考えると、全国の数字を上回っている可能性も高い。こうした環境で育つ子どもは、医療や食事、学習、進学などの面で極めて不利な状況におかれ、将来も貧困から抜け出せない、いわゆる「貧困の連鎖《れんさ》」が識者《しきしゃ》だけではなく、多くのケースワーカー経験者から指摘されている。

児童相談所の児童虐待《ぎゃくたい》相談受理件数もここ十数年にわたって右肩上がりで増え続けている。札幌市における二〇一七年度（平成二十九年度）の相談件数は、実に一千九百九件（前年度比六．一％増）で、その内訳は心理的虐待《ぎゃくたい》一千百三十九件、ネグレクト（養育放棄）四百六十三件、身体的虐待二百九十件などとなっている。全国的には親の虐待《ぎゃくたい》によって将来ある命が奪《うば》われているという現実すらある。昨年三月、東京都目黒区で当時五歳の船戸結愛《ふなとゆあ》ちゃんが死亡した事件は今も胸を痛める。わが街札幌で同じような事件を発生させてはならない。

また、二〇一六年（平成二十八年）二月に「保育園落ちた日本死ね！」というブログをきっかけに、保育所の待機児童問題が国会やマスコミで大きく取り上げられた。二〇一八年（平成三十年）四月の札幌市の保育所実待機児童数は一千九百六十三人で、依然《いぜん》として保育所の待機児童問題は深刻である。

四　これからの子ども、子育て支援のあり方

このような現状を少しでも改善するために、少子化対策、子ども自身の育ちと子育て家庭に対する支援策はどうあるべきであろうか。

急速な少子化の進行を受けて「次世代育成支援対策推進法」、人口減少に歯止めをかけ活力ある社会を維持していくことを目指して「まち・ひと・しごと創生法」、子どもの将来が生まれ育った環境によって左右されることのないように「子どもの貧困対策の推進に関する法律」が相次いで成立し、それを受けて札幌市でも「さっぽろ子ども未来プラン」、「さっぽろ未来創生プラン」、「札幌市子どもの貧困対策計画」などが策定された。

しかし、行政がつくる計画だけで少子化問題や子どもの貧困をはじめとする子育ち子育てにかかわるさまざまな問題が解決されるはずもない。仏をつくって、魂《たましい》を入れる努力を継続しなければならないのである。

そのために、行政がまず取り組むべきは、結婚をしようとする方、子どもを産もう

とする方々の経済的不安を取り除くこと、すなわち親の働きやすい環境づくりであろう。女性の社会進出の一層の改善のために、保育所待機児童の問題を早期に解決しなければなるまい。家庭生活の安定を図る上では、親が安定した職に就《つ》くことが基本であるし、親が子どもに汗して働く姿を見せることは子どもの育ちにとって何にも代えがたいものである。

札幌市は二〇一八年度（平成三十年度）、前年度と比較して三十四施設、一千三百人超の定員を増やしたにもかかわらず、先に述べたとおり二千人弱の待機児童が発生している。来年度以降も引き続き定員増を求めていきたい。

加えて、保育所は慢性的《まんせいてき》な人手不足で、人材争奪戦《そうだつせん》が激しくなっており、施設数、定員増のためには保育人材の確保も大きな課題である。新卒保育士の育成はもとより、離職中《りしょくちゅう》の人材に対する復職《ふくしょく》の働きかけなど保育人材確保に向けたさまざまな取り組みを提言していきたい。

次なる行政の取り組みは、やはり経済的支援であろう。

子どもの医療費助成、保育料と憲法で定められている義務教育費の無償化《むしょうか》など、子どもを育てるためにかかる経済的負担をどこまで支援できるかだろう。

医療費の助成については、札幌市では昨年度から対象を未就学の児童から小学一年生まで拡大し、今年度から小学二年生までとする。保育料については、政府がすべての三～五歳児と住民税非課税世帯の〇～二歳児を対象に今年十月からの無償《むしょう》化全面実施を目指している。義務教育費については、自己負担となっている給食費や修学旅行費を補助する市町村が増えており、高校の授業料についても、公立高校に加えて、私立高校でも二〇二〇年度までに年収五百九十万円未満の世帯を対象とした実質無《む》償《しょう》化《か》の実現が閣議《かくぎ》決定されている。

しかし、これらの経済支援を一層拡大するためには莫大《ばくだい》な財源を必要とする。すなわち市民にも負担を強《し》いることになる。かかる費用を完全に無償《むしょう》とすることは不可能と言われてきたが、果たしてそうだろうか。子どもにかかわるさまざまな問題を解消するためには、やはり市民の納得が得られるバランスのとれた負担と配分しかないのである。

前述《ぜんじゅつ》の藻谷《もたに》氏はコラムを「子育ての負担の割《わ》り勘《かん》を皆が許容《きょよう》する。子育てを個人の責任とせず、社会全体で助けることができるかだ。」と結んでいる。けだし同感である。

また、地域の力で虐待《ぎゃくたい》やいじめの芽は摘み取ることができると信じたい。他人事ととらえず、地域の誰もが自分の子ども、孫を見る思いで接していくことが欠かせない。ひと昔前にいた近所の雷《かみなり》オヤジの存在を思い出してほしい。地域は地域として、子どもたちにかかわっていく必要があるのだ。

安心して子どもを産み育てることができ、生まれた子どもは家庭環境によって将来を左右されることのない社会制度を作り上げなければならない。

五　高齢化の現状

平均寿命の延びや出生率の低下により、少子高齢化が進み、我が国の総人口に占める六十五歳以上人口の割合である高齢化率は、一九五〇年（昭和二十五年）に五％に満たなかったものが、一九七〇年（昭和四十五年）に七％を超え「高齢化社会」に、一九九四年（平成六年）には十四％を超え「高齢社会」になった。高齢化率はその後も上昇を続け、二〇〇五年（平成十七年）にはついに二十一％を越え「超高齢社会」に突入し、二〇一七年（平成二十九年）には二十七・七％に達した。二〇二五年には団塊の世代がすべて七十五歳以上の後期高齢者となるのである。

高齢化が進むにつれて、高齢者を取り巻く環境にも変化が見られる。例えば、札幌市における六十五歳以上のひとり暮らし高齢者世帯が一般世帯数に占める割合は、二〇一五年（平成二十七年）に十・四％となっており、二〇二五年には十三・四％、おおむね八世帯に一世帯が高齢単身世帯になることが見込まれている。このような中、高齢者の孤立防止が課題となってきている。札幌市が実施した調査によれば、孤立死に対する心配について、高齢者の約四割が「心配である」と回答しており、ひとり暮らしの場合はその割合が約六割とさらに高くなっている。

一方で、退職後、ボランティアなどで活躍する人も増えているし、仕事があれば十分働けると考えている高齢者も少なくない。同時に、高齢者の体力や運動能力は向上しており、六十五歳以上を一律に「高齢者」と見る一般的な傾向はもはや現実的なものではなくなっている。現に高齢者とは何歳からだと思うかという問いに対し、「満七十歳以上」と答える高齢者が約八割を占めている。

介護保険については、札幌市における二〇一七年度（平成二十九年度）実績は六十五歳以上の第一号被保険者は約五十一万人で要介護認定者は約十万人、その内の介護保険サービスの利用者は約七万人となっている。介護保険制度がスタートして以来、被保険者が約二倍に増加するところサービス利用者は約三倍に増加しているのである。この数字は、介護保険が高齢者の介護になくてはならないものとして定着したことを表《あらわ》している。しかし、この数字を別な見方をすれば、五十一万人の高齢者のうち、四十四万人の高齢者は介護保険料を納めてはいるものの介護保険サービスを受けずに生活していることとなる。サービス受給者の比率は約十四％である。残りの八十六％の高齢者は、介護サービスを受けずに日常生活を送っているのである。サービスを利用しないにもかかわらず保険料を払い続けているということは、ある意味、社会貢献とも言える。

保険料の負担は、必要になったときには権利としてサービスを使えることの保証であるが、サービスを利用しないでも日常生活を自立的に営《いとな》むことができれば、まったくそれに越したことはないのである。

六　健康寿命

そこで注目すべきは、健康寿命である。

健康寿命とは、既に広く理解が進んでいるとおり、健康に日常生活を送れる期間のことだ。自立度の低下や寝たきり、つまり要支援・要介護状態にならぬよう、健康寿命をできるだけ延ばすこと、すなわち平均寿命と健康寿命との差をできるだけ短くすることが人生百年時代のベースとなるのだ。

平均寿命と健康寿命の差、言い換えれば健康上の問題で日常生活に影響がある期間は、現状どうなっているのだろうか。

直近の数値では、札幌市の場合、平均寿命が男性八十・六八歳、女性八十七・二〇歳。健康寿命が男性七十一・五二歳、女性七十三・〇三歳。その差は男性九・一六歳、女性十四・一七歳となっている。医学や科学の進歩により、今後も平均寿命が長くなったとしても、健康寿命が置いてけぼりのままでは不幸な時間だけが延びることになるのである。

そうならないためには、高齢になってもそれぞれの健康状態を維持して、自立した生活を続けていくためには、どのような取り組みが必要であろうか。

市民一人ひとり、地域、企業、行政、それぞれに役割があろうが、自分の健康を他人まかせにしても始まらない。自らが健康を強く意識した生活を送ることが第一歩である。それもできる限り若い時からである。

栄養バランス、減塩・薄味《うすあじ》を意識した食事をとること、適正体重を維持すること、適量の飲酒を心がけること、煙草《たばこ》をやめること。意識して身体を動かすこと、日常生活において歩数を増やすこと、自分にあった楽しくできる運動を見つけること、地域の集まりに積極的に参加すること。定期的に健康診査やがん検診を受けること、かかりつけ医を持つこと、歯の健康にも関心を持つこと。

小さな健康習慣の積み重ねしかないのである。

そして、今、高齢者ほど健康意識が高まっており、長生きすることが目標ではなく、より良い生き方を長く続けることが目標になっている。医療の高度化による延命治療が当たり前の時代には冗談《じょうだん》でも言えなかった「ピンピン・コロリ」が理想の死に方という言葉をお年寄り自身が口にし、「健康づくりのためなら死んでもいい」というブラックジョークまで飛び出す時代となっているのだ。

しかし、実践《じっせん》している健康習慣の数は、年代が下がるにつれ減少する傾向にある。日常的にジャンクフードを食べていた世代が、今は親となって子どもを育てている時代である。青少年期からお年寄りまで全世代にわたって健康意識を高めていくための啓蒙《けいもう》活動を引き続き行っていかなければならない。

また、医療・福祉だけではなく、より積極的に健康づくりをサポートする先進的な取り組みを進める必要がある。札幌ドーム周辺地区の整備で述べたのは、その先進的な拠点づくりである。次の札幌冬季オリンピック・パラリンピックのメモリアル施設が、高度なスポーツ医学の拠点としてだけではなく、子どもからお年寄りまでの健康づくりの拠点施設として使われ、スポーツを通じた交流の拠点となる。それを目指すことが二度目のオリンピックを開催する意義でもあると、私は考えている。

七　生涯学習、生涯現役

「生涯学習、生涯現役」は私のモットーだ。

「習うは一生」という言葉がある。

新しいことを知り、身につけていくために、人は一生を通して学び続けなければならないということだと思う。

学ぶことにより知識や知恵が得られ、さまざまな知識や知恵を得ることで、視野や見識《けんしき》が広がり、深い思考ができるようになる。仕事に係わる勉強でも趣味のための勉強でもかまわない。しっかり学んで、さまざまな情報に触れること、必要なのは常に学習する習慣、学ぶではなく、学び続けることが大切なのだ。

一時的に学習しても、時代は変化していく。最新と言われていた情報も、時とともに古くなる。最善と言われていた方法も、しばらく経てばさらによい方法に取って代わられる。学習を継続しなければ、いずれ時代から取り残されてしまう。

私も、市議会議員として常に研鑽《けんさん》が必要であり、いまの世相《せそう》やトレンドを吸収し、得た知見を議員としての活動に活かさなければならない。七十歳を過ぎて北海道科学大学大学院に学び、二〇一八年（平成三十年）春、修士課程を修了したが、いまなお研究生として大学に学び都市計画を研究している。その学習意欲は衰《おとろ》えないのである。

学校教育を一度離れて社会人として働いた人が再度学習機会を得ることができ、それによって自らのキャリアを高め、社会生活や職業生活に生かすことを可能とする教育のことをリカレント教育と言うそうだ。要するに、生涯においては何度でも学習機会を得ることができ、必要な時期に必要なだけ学習することができるのである。

札幌市内を見ると、定時制高校が九校、通信制高校が二校、夜間学部を置く大学が一校あるし、多くの大学で社会人選抜や昼夜開講制度などを設けているのである。コメディアンの萩本欽一《はぎもときんいち》さんは昨年七十七歳を迎えたが、二〇一五年（平成二十七年）に社会人入試で駒澤大学仏教学部に見事入学し、現在は四年生だ。大学卒業後は大学院へ進む希望を持っているとの報道もある。

折りしも、二〇一八年（平成三十年）八月十五日、山口県周防大島町《すおうおおしまちょう》にて行方不明になっていた二歳の藤本理稀《ふじもとよしき》ちゃんが三日ぶりに発見され、国全体が安堵《あんど》したのは記憶に新しい。見つけたのは大分県日出町《ひじまち》から捜索に加わっていたスーパーボランティア尾畠春夫《おばたはるお》さん七十八歳。見返りを求めない、まったくの無私の姿勢に感動するとともに、頭が下がる思いをもったのは私だけではあるまい。尾畠《おばた》さんは将来の夢を問われて「夜間でもいいから高校に通いたい」と答えたそうである。二度頭が下がった。

方法や媒体《ばいたい》は何でもいい。毎日新聞を読んで時事問題を把握《はあく》する、書籍や雑誌、テレビの情報番組や教育番組、インターネットの情報サイトを通して学ぶ。とにかく学習を続け、さまざまな情報を吸収する。いくつになっても学ぶことはできるのだ。「生涯学習」する姿勢を持ち続けていれば、時代から取り残されることはない。努力には限界などないのである。

その一助《いちじょ》として、知の宝庫である図書館をもうワンステップ前進させ、学びの情報が得られる場、すなわち「学びの情報センター」の機能をもたすことはできないだろうか。具体的には、本を読むことで知識や情報を得ることができる場としての図書館に、学習アドバイザーを配置して、各区で実施している高齢者教室や、生涯学習センター、民間、ＮＰＯなどが開設している学習情報を収集、一元化《いちげんか》してワンストップの情報提供窓口とするのだ。インターネットを通じて様々な情報が得られる時代になったとは言え、迷った時のコンシェルジュ（案内役）になってくれる人は大切だ。

また、札幌市では、昨年四月に「誰もが生涯にわたって健康で充実した生活を保ちながら、社会の一員として役割をもって活躍し、世代を超えて支え合える生涯現役社会の実現を目指す」とした「札幌市高齢者支援計画二〇一八」を策定した。

ひとり暮らし高齢者などを地域全体で支えるための連携《れんけい》強化策、意欲と能力のある高齢者が活躍できる機会の拡大策、多くの高齢者の活躍が地域社会に生かされていくための環境づくり策など、計画にはさまざまな支援の取り組みが盛り込まれている。

これらの支援の手も積極的に活用しながら、高齢期を前向きに生きていく。町内会でも老人クラブでも、スポーツでも文化活動でも、福祉ボランティアでもＮＰＯでも、楽しく熱中できるものがあり、それらを通じて地域に貢献《こうけん》できる喜びを感じられる活動こそが要介護老人を増やさない有効な対策にもなるのである。

二〇一八年（平成三十年）九月一日に帯広市で開催されたバスケットボールの北海道ゴールデンシニア交歓《こうかん》大会には、九十三歳の現役プレーヤーが出場し活躍する姿が報じられた。この方はまさにバスケットボールというスポーツに熱中して、それを継続することで多くの子どもたちを指導してきたのではなかろうか。

人は生物であるから老いて必ず死ぬ。誰もが寄る年波には勝てない。加齢によって、しみやしわが増え、骨や筋力の衰《おとろ》え、脳卒中や癌《がん》の発生率も高まる。しかし、老いて後ろ向きに暮らすのか、心と体の健康寿命を少しでも延ばし、前向きに生きていくのかは、本人の生き方によるところが大きい。

高齢者は福祉の対象、社会的弱者《じゃくしゃ》、おとなしい受身の存在などではなく、知識と経験を活用して社会的活動に参加する主体、まさに社会の宝として地域づくり、まちづくりの主役として期待されているのであり、「生涯現役」が超高齢社会の合言葉《あいことば》なのである。

人口構成に占める老年人口の比率が大きくなり、札幌市の平均寿命が男性八十歳、女性八十七歳を超えた現在、高齢者が社会の担《にな》い手《て》として活躍しなければ、社会自体が維持できないのだ。

高齢者が、他人との関係の中で自分が生きている意味を実感しつつ、元気に生涯現役を貫《つらぬ》ける時代こそが人生百年時代。現に百歳以上の高齢者は、二〇一八年（平成三十年）十月一日現在、札幌市内に九百六十七人、その内、私の住む豊平区内は九十二人となっている。人生百年時代は夢ではない。

八　安全、安心の確保

人生百年時代の土台となるのが、安全、安心だ。

安全とは災いのないこと、安心とは煩《わずら》いのないことというような区分けもあるようだが、安全も安心も人間の生存を根底《こんてい》で支えるものであり、究極《きゅうきょく》の願いでもある。

くしくも、去る二〇一八年（平成三十年）九月六日午前三時七分、道内過去最大となる震度七を観測した北海道胆振東部《いぶりとうぶ》地震が発生した。これまで、震度四が最大であった道都・札幌でも東区で震度六弱を記録し、地下鉄東豊《とうほう》線が走る東十五丁目屯田通が四キロメートル以上にわたって道路面が沈下、陥没《かんぼつ》し、全面通行止めとなった。震度五強であった清田《きよた》区里塚《さとづか》地区では大規模な液状化《えきじょうか》現象により三百戸以上の住宅が被災した。私の住む豊平区においても東月寒《ひがしつきさむ》地区で三十戸以上の住宅が同様の被害に遭《あ》っている。

加えて、震源地に近い北海道電力苫東厚真《とまとうあつま》火力発電所の機能停止に伴い、地震発生直後には北海道全域が停電する「ブラックアウト」という前代未聞《ぜんだいみもん》の事態が発生し、市民生活を混乱に陥《おとしい》れた。

このとき、札幌市役所はどう対処していたのだろうか。

午前三時八分には秋元《あきもと》市長を本部長とする災害対策本部を設置し、市内全域に避難所を開設、午前六時に第一回目の災害対策本部会議が召集され、市内の被災状況が報告、確認された。

備《そな》えあれば憂《うれ》いなしと言うが、これほど大きな自然災害を経験したことのない大方の札幌市民は、まったく備《そな》えができていなかったのではないだろうか。暗闇《くらやみ》の中、光を発するものを探し、停電が長引くことで唯一の情報入手手段であった携帯電話やスマホのバッテリーの残量が減ることに困惑《こんわく》し、冷蔵庫内の食糧は傷《いた》んでいく一方で、スーパーやコンビニの商品があっという間になくなっていく様《さま》に市民の混乱ぶりが如《にょ》実《じつ》に表《あらわ》れていた。

札幌市内の停電は二日後の九月八日にはほぼ解消し、一か月後には道路や水道管の復旧も進んでいる。市民には当たり前の暮らしが戻りつつある。

しかしながら、時間が経《た》つにつれ地震が北海道経済に与えた被害の甚大《じんだい》さが明らかになってきた。

北海道は、同年の十月三日、地震による商工業の被害額を発表した。建物や設備の損壊《そんかい》など、直接被害が約百二十億円、停電による商品廃棄などの二次被害が約百三十六億円、これとは別に停電による商工業売り上げへの影響額が一千三百十八億円に達する見込みだという。

また、観光業でも九月三十日時点で宿泊キャンセルが述べ百十四万九千人分発生し、飲食費や交通費なども含めた観光全体への影響額は約三百五十六億円に上るとの推計も明らかにされた。

震災後、札幌市では直ちに被災状況の調査を行い、道路、上下水道などのインフラの復旧に着手しているが、被害を受けた家屋の復旧や生活再建の支援にも、被災した市民の気持ちに寄り添うかたちで全力を挙《あ》げて取り組んで欲しい。また、喉元《のどもと》過ぎても熱さ忘るべからずである。被災原因の究明、避難所運営を含めた災害対策本部の対応、発生が真夏や真冬だった場合の被災想定など、震災の記憶が失《う》せぬうちにしっかりとした検証作業を市には求めたい。

北海道電力の大失態に対しても苦言を呈《てい》せねばなるまい。苫東厚真《とまとうあつま》火力発電所の三基が同時に止まる可能性は東日本大震災の結果を考えれば、当然に想定していなければならない。なぜ、バックアップ機能を用意していなかったのか。主力の発電施設に依存《いぞん》し続けた北電の責任は免《まぬが》れないのである。しかし、その一方で、電力自由化が進んで電力会社も競争環境に置かれている中、送電の責任は引き続き電力会社が担っており、それが消費量に見合った発電量を維持するという極めて緻密《ちみつ》なコントロールの上に成り立っていることに、改めて気付かされる事故でもあった。

今回の震災によるブラックアウトの後、九州電力管内では同様の事故を避けるために、管内の太陽光発電事業者に対して発電自粛《じしゅく》要請が行われた。九州では大規模な工場や事業所が稼働しない休日に晴天が続くと、火力発電所の停止等では調整しきれないほど太陽光発電の発電量が消費量を上回り、北電のブラックアウトと同様の事態が起きるおそれがあるため、国が定める手順に従って行われたものである。

また、北海道内においては、稚内《わっかない》市から中川町の間七十七・八キロの区間で新たに送電網を整備する事業がスタートしている。宗谷《そうや》地方一帯の北部地域は年間を通じて風が強く、風力発電の適地《てきち》であるにもかかわらず送電網が弱く、風力資源を有効活用できていない現状を踏《ふ》まえ、経済産業省資源エネルギー庁が同地域を「特定風力集中整備地区」に指定し、送電網整備を行う実証事業の担《にな》い手《て》を公募したもので、北海道北部風力送電株式会社（株式会社ユーラスエナジーホールディングス、北海道電力株式会社、株式会社北洋銀行等が出資）が事業主体として採択されている。

国として再生可能エネルギーの最大限の利用を方針として掲《かか》げていることから、国や道などの協力も得ながら、安定した電力品質の確保と送電ネットワークの強化、原発再稼働も含めた新たな電源構成のベストミックス、そして不測の事態に備えるバックアップ体制の構築を急がなければならない。

九　環境に恵まれた街さっぽろ

最後に安全、安心な暮らしを支える環境問題についても触れたい。

私たちの暮らす札幌は、はっきりとした四季、緑豊かな街並みなど、自然に恵まれた環境の中にある。このような恵まれた環境は、ひとつにはそもそもの地形に由来するものであり、南西部の丘陵《きゅうりょう》・山岳地帯には豊かな緑が残されており、北東部に広がるなだらかな平地は、住宅地に適しており、都心部の過密を生むことがなかった。

しかし、もうひとつの重要な要因は、札幌が産業の集積を目指すという選択をして来なかったからである。大規模な工業団地開発を行わず、第三次産業に特化することを是《ぜ》とし、高速道路を都心に乗り入れさせないという選択をしてきたからこそ、今日の都市環境がある。

しかし、公害とは無縁《むえん》と思われる札幌も、都市環境悪化に悩まされた時期があり、昭和の時代は常《つね》に大気汚染問題を抱えていたと言ってもいいだろう。

昭和三十年代、冬期間の札幌の空は石炭が燃えるときに出る煤《ばい》じんが浮遊し、白くかすんだ。そして、昭和四十年代、主力のエネルギー源が石炭から石油に替わると、汚染物質も煤《ばい》じんから硫黄《いおう》酸化物に変化した。品質が悪い石油には硫黄分《いおうぶん》が多く含まれていたのだ。硫黄《いおう》酸化物の問題は、石油の品質改善により昭和四十年代後半には終息したが、その後、思わぬ公害が発生した。

昭和五十年代、自動車の雪道でのスリップを防止するためスパイクタイヤが使われるようになり、これが道路のアスファルトを削って発生する「車粉《しゃふん》」が大きな社会問題となったのだ。アスファルトの粉じんは道路周辺の雪を変色させるだけではなく、上空へ舞い上がり五階建てのビルほどもある雪まつりの大雪像《だいせつぞう》までも真っ黒に変色させてしまうほどだった。特にひどかったのは初冬と春先でこの時期の札幌はホコリまみれの街だった。

この問題に早くから警鐘《けいしょう》を鳴らしたのは、北海道大学工学部の山科俊郎《やましなとしろう》教授（当時）と後に日本人初の科学者宇宙飛行士となる毛利衛《もうりまもる》助教授（当時）を中心とする研究チームだった。一九八一年（昭和五十六年）、札幌市内で初めて本格的な粉じん量の調査を行い、その調査結果と健康へのリスクを広く世に訴えたのである。これによりスパイクタイヤ廃絶《はいぜつ》に向けた市民の意識は高まり、北海道庁や札幌市役所、ついには国を動かし、一九九〇年（平成二年）に「スパイクタイヤ粉じんの発生の防止に関する法律」が成立した。タイヤメーカーのスタッドレスタイヤの開発も進み、甚大《じんだい》な健康被害が出ぬうちに粉じん公害は解決した。

スパイクタイヤの廃絶《はいぜつ》に至る経緯を見ると明らかなように、いつの時代においても環境問題を解決してきたのは、市民の問題意識と行動、そして、新しい環境技術の開発である。

今、地球温暖化に代表される地球環境問題への関心が世界レベルで高まっている。地球温暖化の影響は頻発《ひんぱつ》する台風による被害の深刻化などの形で、札幌でも表《あらわ》れてきている。地球温暖化対策は、すなわちエネルギー消費の抑制《よくせい》に他《ほか》ならないが、市民の日常的な省エネルギー行動と省エネルギー技術の革新、そして、国レベルでのバランスの取れたエネルギー政策があれば、克服《こくふく》できない課題ではないと信じている。

十　人生百年時代を支えるまち

社会の宝である子どもたちがしっかりと育ち、お年寄りが安心して暮らしていけるまちを目指すために、今、何が求められているのか。

これまで述べてきたように、子育て負担の軽減と地域での見守り、全世代にわたる健康づくりの支援、お年寄りの活躍できる場の確保、安全・安心のまちづくり、どれもさらに高いレベルを目指さなければならない。

ただ、そういったサービスの充実以前に最も重要なことは、若者が子どもを産み、育てていけると思えることと、お年寄りが社会の中で役割を持ち、公的扶助《ふじょ》に頼らずに生活していけることであると私は考えている。

そのどちらもが、就労《しゅうろう》の場の確保と収入水準の向上によってはじめて実現できるものである。まちづくりの基本的な方針として、市民が暮らしやすい街を目指したことにより、札幌は深刻な公害に直面することもなく、自然環境が豊かな魅力的《みりょくてき》な街として高い評価を得ている。しかし、その代償《だいしょう》として、製造業などの第二次産業の集積が少なく、市税収入などの財政力に弱みのある街となっているということも直《ちょく》視《し》しなければならない。

特に、これから人口減少期を迎えるということは、市内の消費がどんどん縮小していくということである。製造業が集積し、域外に製品を移出して稼《かせ》ぐ街であれば、新しい市場に製品を移出して所得を増やし、消費を拡大していくことが可能であるが、札幌はそれができない街なのである。

さらに、子育て支援やお年寄りの活躍の場づくりなどを行うための財源をどこで確保するのかという問題もある。少子高齢化に歯止めがかからず、市税収入の落ち込みが続けば「無い袖は振れない」という日が到来《とうらい》することもあり得ない話ではない。

だからこそ観光産業に活路《かつろ》を見出し、世界から人が集まる都市を目指すことが重要なのである。もちろん、所得水準の向上は一朝一夕《いっちょういっせき》の努力で実現可能なものではない。しかし、世界から人を呼び込むようなプロジェクトを仕掛け、民間投資を呼び込むような都市計画を行うことは行政の役割である。

冬季オリンピック・パラリンピックの招致《しょうち》、北海道新幹線の札幌までの延伸、札幌ドーム地区の健康・スポーツ拠点としての整備、地下鉄東豊《とうほう》線の延長と丘珠《おかだま》空港の再整備、すべては札幌の経済活性化のための重要プロジェクトであり、それが、ひいては子どもが伸び伸びと育ち、お年寄りが安心して暮らせるまちづくりにつながると、私は信じている。

おわりに

他日五洲第一都～いつか世界一の都市となるという壮大な夢を描き、札幌の礎《いしずえ》を築いた開拓使主席判官の島義勇《しまよしたけ》。そして、その思いを受け継いだ先人たちの幾多《いくた》の努力により、今日の札幌がある。

本書を上梓《じょうし》するにあたり留意した点は、北海道開拓のため、開拓使主席判官の島《しま》義勇《よしたけ》はどのような思いで札幌の基礎を創《つく》ろうと苦労を重ね、その札幌が創建期から今日まで、どのような道筋を辿《たど》って発展してきたかを著《あらわ》すことであった。

結果的には紙幅《しふく》の都合もあり、戦前の事象は駆け足で記述し、終戦後の札幌の成長期に焦点を当てざるを得なかったことは、お許し頂きたい。

札幌市が発展した三要素とも言うべきものは、一つには近隣の町村との合併であり、二つには炭鉱離職者の受け皿となったこと、三つには冬季オリンピックの開催であった。

そしてその陰《かげ》には、歴代市長の確たる戦略があった。

合併にしても単なる市域の拡大や行政組織の効率化だけでなく、将来を見越した戦略に基づくものであり、例えば、旧豊平町《とよひらちょう》との合併は、将来、百万都市となることを見越した水源の確保であり、市民生活を維持するための水源を豊平川に求めた結果であった。また、旧手稲町《ていねちょう》との合併は、冬季オリンピック開催に向けてアルペン競技をはじめとする競技会場を札幌市内として確保したいという思いがあった。

また、幅広い人材の登用も将来の市政に備えた戦略の一つであった。

官選最後の市長となった第四代市長上原六郎《うえはらろくろう》氏は東京市に職員として在籍したこともある官吏であったが、初代の満鉄総裁であった後藤新平《ごとうしんぺい》東京市長が藩閥、学閥などにとらわれない人材登用を行ったことにならい、外部からの人材登用を数多く行った。この人材登用は、初の公選市長となった第五代高田富與《たかだとみよ》市長にも引き継がれるとともに、第六代原田《はらだ》市長、第七代板垣《いたがき》市長誕生へと連なる。

裏を返せば、当時の札幌市役所が人材不足だったという見方もできるが、明治期に開拓使が、マサチューセッツ州立農科大学学長だったクラーク博士を札幌農学校教頭として、米国農務長官だったケプロンを開拓使顧問として招聘《しょうへい》したのと同様、先進的なまちづくりを進めるため、優《すぐ》れた人材を確保することは不可欠の要素であった。

さらに札幌市の発展を語るには、一九七二年（昭和四十七年）の札幌冬季オリンピックを外すことはできない。開催までの苦労や経緯については本書に詳述《しょうじゅつ》したが、同様に特筆すべきは「長期総合計画」の策定である。

これは、長期的な展望でまちづくりを進めるために、二十年後を目標年次として財政的観点も踏まえて策定した計画であり、さらに、これを確実に達成するために、より詳細な財政的裏付けも備えた実施計画を五年ごとに策定・実行していくことで、健全な財政に留意しながら計画的なまちづくりが進められた。

長期総合計画は、桂市長による第四次まで策定されるのだが、上田《うえだ》市長の代になって途絶《とだ》えることになる。これによって、札幌の将来像や十年、二十年先を見据《みす》えたまちづくりがあいまいとなり、市民に分かりにくくなってしまったのは残念なことである。

今期待されるのは、二〇三〇年開催を目指している冬季オリンピック・パラリンピックであり、同時期に札幌まで延伸が決定している、北海道新幹線の開通である。この二つのビックプロジェクトをまちづくりにどう生かすかによって、五十年後、百年後の札幌の命運が決まる。それを成功させることこそが、まさに札幌の第二次黄金期《おうごんき》の幕開けである。そう言っても過言ではない。

今なすべきことは、これらのプロジェクトを強い意志を持って実現に導くことである。そのためには、国や道に対しても強く働きかけ、協力を求めていかなければならない。

北海道・札幌市は開拓使以来、国策でまちづくりが進められてきた。国は北海道開発庁を設置し、北海道の開発を後押しし、今も名称は変ったが国土交通省北海道局にその役目は受け継がれている。かつて、石炭、木材、農水産物等の本州への供給基地として、北海道は重宝がられてきた。しかし、一旦《いったん》社会情勢が変わり、国の財政状況がひっ迫するや、手の平返しのように、「北海道は官依存《かんいぞん》が過ぎる」「自立心が足りない」といった批判の声が高まるのは、どうにも私としては腑《ふ》に落ちないのである。

確かに地方主権の時代と言われる今日、地域が自主的・自立的に意思決定し、行動していくことは重要である。しかし、自立しようとする地方の取り組みを支援するのが国の役割のはずであり、その義務を放棄しようとするのは、地方主権の美名のもとに行われる地方切り捨てに他《ほか》ならない。

新幹線整備ひとつ取っても明確なように、北海道が地理的、歴史的にハンディキャップを負っていることは周知の事実である。この北辺の広大な原始の大地で、国の支援なくして、どうやって自立していくのか。他に方法があったら教えてもらいたい。

また、この官依存《かんいぞん》批判と同じような構図で、「札幌一極集中」批判がある。北海道内の他の地域が衰退《すいたい》する中、札幌だけが一人勝ちしているという批判である。

先ほど述べたように地域が自立するための努力が求められるということは、すなわち、地域経済が循環していく仕組みをしっかり作っていくことが今まで以上に必要となるということであり、しかも、それを厳しい地域間競争の中で実現していかなければならない時代なのである。

ご存じのとおり、企業誘致《ゆうち》や大規模イベントの誘致《ゆうち》、さらには国際航空路線の誘致など、すべて厳しい都市間競争の末に決定されており、経済活動の面では今や海外の都市も含めた厳しい競争にさらされているのである。

そのような競争の時代において、道都札幌が地域経済のけん引役としての役割を果たしていかなければならないのは自明《じめい》の理《り》である。石炭産業が衰退《すいたい》した時に、札幌に雇用の場があることが炭鉱労働者を吸収し、人口の道外流出を防いだことはすでに述べたとおりである。さらに、観光産業を取ってみると明らかなように、札幌への観光客の誘《ゆう》客《きゃく》は道内各地への誘客《ゆうきゃく》につながり、道産品の消費拡大にもつながっているのである。

しかしながら、札幌市は自然環境が豊かな住みやすい魅力《みりょくてき》的な都市という評価を得ている反面、産業集積が薄く財政力の乏《とぼ》しい都市でもあり、税収額が指定都市二十市中、十九位という現実がそれを物語っている。

札幌市は指定都市の中では、何かにつけ福岡市と比較されることが多い。地理的にも都市規模的にも、道都札幌に対して九州の州都とも言うべき存在である。人口規模では札幌市が指定都市中第四位、福岡市が第五位（約百五十万人）と札幌市が優位にあるが、北海道の総人口が約五百四十万人に対して、九州は千三百万人と、商圏人口を見ると二倍以上の開きがある。また、国際的な商圏で見ると、北海道の周辺はロシア極東部のみであるが、九州の場合は、台湾、韓国等アジアにも商圏が広がっている。さらに福岡市には地下鉄直結で都心からわずか十分ほどの距離に福岡空港があるが、札幌市は市内にある丘珠《おかだま》空港ではジェット機が運航しておらず、路線も限られている。新千歳空港は、車で約一時間、鉄道でも約三十分の時間を要するなどアクセスはよくない。港湾《こうわん》、新幹線にしても、いずれも福岡市にはあるが札幌市にはない。このような違いが経済活動の面では如実《にょじつ》な差として表《あらわ》れるのである。

本書に書いてきたようにこれらの差を縮めるためには、やはり北海道新幹線の札幌までの延伸、冬季オリンピック・パラリンピックの開催こそ最大のチャンスである。再び黄金期《おうごんき》を築くため、真の自立と地方創成を確実にするためにも、これらを成功させなければならない。

繰り返しになるが、政治の体制が大きく変わった明治維新から少なくとも高度成長時代と言われる昭和三十年代までは、間違いなく国策として北海道の開発が行われてきた。これとともに道都札幌も目覚ましい発展を遂げた分、一部には一極集中という批判もあるが、そうではない。道都である札幌が発展することが、すなわち北海道の発展につながるのである。

札幌は五洲第一の都となったのか。こう聞かれて「なった」と答える方はおそらく皆無《かいむ》に等しいだろう。また、五洲第一の都というのがどういう街なのかということも、答える人によってまちまちではないかと思うし、札幌の理想の姿自体が、時代の変化とともに変わっていくものであると思う。

しかし、いつの時代であっても、札幌は、子どもたちが伸び伸びと育ち、お年寄りが生き生きと暮らせる街であって欲しい。そして、いつか五洲第一の都となることを目指して、歩みを止めることなくまちづくりを進めていくことが、島義勇《しまよしたけ》の遺志を継ぎ、札幌のまちづくりに携《たずさ》わった先人たちの労苦に報いることであると、私は考えている。

そのような街を目指して、当面、札幌が取り組まなければならないことを私なりにまとめたつもりである。この本を著《あらわ》すことによって、これらに全身全霊を懸《か》けて取り組んでいくことが私の使命であると、改めて決意したところである。

本書を最後までお読み頂いたことに心から感謝したい。

二〇一九年（平成三十一年）二月　　三上　洋右

参考文献等

「島　義勇物語」　開拓判官島義勇顕彰会　発行
「開拓の群像」「開拓の群像」刊行委員会　発行
「北の志づめ」　北海道神宮社報
「しゃりばり　二〇〇五年一月号」　一般社団法人北海道総合研究調査会　発行
「北大法学論集　第二十二巻第四号『札幌郊外地区（手稲）の政治意識調査（2）』」　北海道大学法学部　発行
「郷土史　豊平地区の百四十年」　豊平地区郷土史発行委員会　発行
「改訂版　地方議会実務講座第1巻」　株式会社ぎょうせい発行
「さっぽろ文庫　七札幌事始」　札幌市・札幌市教育委員会　発行
「さっぽろ文庫　十六冬のスポーツ」　札幌市・札幌市教育委員会　発行
「さっぽろ文庫　五十八札幌の通り」　札幌市・札幌市教育委員会　発行
「札幌市政概要　平成二十九年版」　札幌市まちづくり政策局政策企画部政策推進課発行
「平成二十九年度　市民意識調査報告書」　札幌市総務局広報部市民の声を聞く課発行

「平成二十九年度　札幌の観光」　札幌市経済観光局観光・MICE推進部観光・MICE推進課　発行
「札幌市観光まちづくりプラン二〇一三―二〇二二改訂版」　札幌市経済観光局観光・MICE推進部観光・MICE推進課　発行
「来札観光客満足度調査　外国人個人観光客動態調査　報告書」　札幌市経済観光局観光・MICE推進部観光・MICE推進課　発行
「広報さっぽろ」　一九六五年四号・六・八・九・十月号、二〇一一年三月号、二〇一七年十二月号」　以上、札幌市発行
「新札幌市史」　第二巻通史二・第五巻上・第五巻下　以上、札幌市発行
「車粉物語」　株式会社須田製版　発行
「地方議会人二〇一三年七月号（寄稿）高齢者が超高齢社会を支えて生きる」　株式会社中央文化社　発行
「北海道新聞二〇一八年九月二日版（寄稿）高出生率地域の共通点」　株式会社北海道新聞社　発行
インターネット「札幌市ホームページ」
インターネット「Ｗｉｋｉｐｅｄｉａ」

年表

※主として本著の記述に関連する年を記載
※和暦欄は、文―文政、安―安政、慶―慶応、明―明治、大―大正、昭―昭和、平―平成、令―令和 を表す
※表中の［P ］内の数字は本著での掲載頁を示す

西暦 和暦	札幌【市】、北海道【道】、著者【著者】に関する主な出来事	国内【内】、国外【外】に関する主な出来事	自分史記入欄
1822 文5		【内】島義勇、佐賀で誕生［P七］	
57 安4	【市】志村鉄一と吉田茂八が豊平川の渡し守となる、和人の定住者は二戸七人［P五六］ 【道】島義勇、箱館奉行の堀利熙に従い全道・樺太南部を巡回［P八］	【内】先に締結した日米和親条約を修補するための日米追加条約（通称、下田協約）を締結 【外】英国の植民地支配に抵抗するインド大反乱が発生	
不明（江戸幕府崩壊時）	【市】すでに発寒・琴似・星置・篠路・札幌で村落形成	【内】外国からの開国要求、尊王攘夷や公武合体の思想、倒幕の動きや大政奉還の実施など、国内が混乱	
68 慶4・明1	【市】札幌村の家数二十三軒、人口九十八人	【内】戊辰戦争勃発	
69 明2	【道】「北海道」命名［P三〇］、北海道開拓使設置、開拓使初代主席判官に島義勇を任命［P八］、当時の札幌中心部の渡し守がいる周辺はアイヌ人数戸のみ［P一〇］	【内】東北地方が凶作［P一三］、箱館戦争終結、版籍奉還実施 【外】スエズ運河開通	
70 明3	【市】箱館開拓使出張所（箱館仮本庁）が箱館本庁となる［P九］ 【道】島義勇、判官職を免職・東京召還［P一四］	【内】島義勇、明治天皇の侍従として仕える［P一九］、樺太に開拓使設置	

西暦	和暦	道・市	内・外	
1871	明4	【道】北海道開拓のため、米国農務長官のケプロン、測量、土木のワーフィールド、農業のエドウィン・ダンらを招聘［P六一］、北海道開拓の指導者として養成するために女子を含む留学生を米国、ロシア、フランス等に派遣・一回目［P六一］		
72	明5	【道】北海道開拓の指導者として養成するために女子を含む留学生を米国、ロシア、フランス等に派遣・二回目［P六一］	【内】島義勇、秋田県権令職に就くも四カ月で退く［P二〇］	
74	明7	【市】札幌郡を第一大区とし札幌市街を三小区に分ける	【内】佐賀の乱勃発、首謀者として島義勇刑死［P一八］	
75	明8	【市】最初の屯田兵が琴似に入植（二千人）［P五六］ 【道】北海道でプラウなどの洋式農具の製造開始［P六〇］		
76	明9	【市】道内を三十の大区に分け直し、改めて札幌郡を第一大区・札幌市街を三小区に分ける、ウイリアム・スミス・クラークを札幌農学校教頭に迎える［P六二］ 【道】北海道でビールエ場、ブドウ酒醸造所など稼働開始［P六一］	【内】秋月の乱・萩の乱など士族の反乱相次ぐ 【外】グラハム・ベルが電話機を発明	
77	明10	【市】ウイリアム・スミス・クラークが米国へ帰国［P六二］	【内】西南戦争勃発、西郷隆盛自刃［P一八］	
79	明12	【市】札幌郡が札幌区となる	【内】琉球藩廃止・沖縄県設置	
80	明13	【市】全国三番目の鉄道が札幌～小樽手宮間に開通［P六〇］	【外】トーマス・エジソンが白熱電球の米国特許を取得	
82	明15	【道】札幌・函館・根室の三県を設置（三県一局時代）［P三二］、北海道最初の鉄道（札幌～小樽手宮間）が幌内（ほろない）まで延長［P六〇］	【内】上野動物園開園 【外】コッホが結核菌を発見	

1883	明16	【道】農商務省北海道事業管理局設置（三県一局時代）［P三三二］		
84	明17		【外】国際子午線会議にてグリニッジ子午線を本初子午線（経度零度零分零秒）と決定	
86	明19	【道】北海道庁設置（三県一局廃止）［P三三二］		
96	明29		【外】オリンピックのふるさとであるギリシアのアテネで第一回大会が開催［P一〇六］	
99	明32	【市・道】北海道区制が施行され、札幌・函館・小樽の三区が置かれる	【内】東京～大阪間の長距離電話が開通	
1909	明42	【市】札幌で馬車鉄道に代わって路面電車を導入［P一三二］		
18	大7	【道】開道五十周年	【外】第一次世界大戦が終結	
22	大11	【市】市政施行により札幌区が札幌市となる［P三三二］	【内】理論物理学者のアルベルト・アインシュタインが来日	
23	大12	【市】初代市長に高岡直吉就任（官選）［P六八］	【内】関東大震災発生	
25	大14	【市】市内初の舗装道路が狸小路に完成［P一七一］	【外】ハワード・カーターがエジプトの王家の谷でツタンカーメンの王墓を発見	
27	昭2	【市】第二代市長に橋本正治就任（官選）［P六八］	【内】金融恐慌勃発、日本初の本格的地下鉄が上野～浅草間で開業［P一四〇］ 【外】チャールズ・リンドバーグが大西洋の単独無着陸飛行に成功	

1930	昭5	【市】現在の宮様スキー大会国際競技会の第一回大会開催［P九六］	【外】第一回FIFAワールドカップ開催	
37	昭12	【市】第三代市長に三澤寛一就任（官選）［P六八］	【内】日中戦争勃発	
38	昭13	【市】一九四〇年（昭和十五年）開催予定の冬季オリンピック開催地に札幌が決定されるが、支那事変の激化により同年中に返上［P九五］	【内】一九四〇年（昭和十五年）に東京で開催予定の夏季オリンピックを日中戦争の激化により開催権返上（P九五）	
40	昭15	【市】札幌市の人口が二十万六千人に［P五六］		
41	昭16	【市】札幌市、円山町と合併［P三四］	【内】御前会議で対米・英・蘭との開戦を決定 【外】真珠湾攻撃、米・英が日本に宣戦布告	
42	昭17	【市】旧陸軍により丘珠空港の前身となる飛行場の設置が始まる［P一五六］		
44	昭19	【市】丘珠空港の諸施設完成［P一五六］	【内】全国の諸都市が爆撃により廃墟化、工業・農業生産力激減、国民生活は荒廃 【外】マリアナ沖海戦	
45	昭20	【市】第四代市長に上原六郎就任（官選最後）［P六八］、丘珠空港を連合軍（米軍）接収［P一五六］ 【著者】現在の青森県北津軽郡中泊町で誕生［P四六］	【内】沖縄戦、米軍が広島・長崎に原爆投下、ポツダム宣言受諾 【外】国際連合発足	
47	昭22	【市】第五代市長に高田富與就任（民選初、以後も全て民選）［P六九］ 【道】初の公選となった北海道知事選挙で日本社会党支援の田中敏文氏が当選［P三九］	【内】日本国憲法施行、六・三・三学制発足	
49	昭24	【市】狸小路で歳末売り出しの「現金つかみどり」が始まる［P一七一］		

1950	昭25	【市】札幌市、白石村と合併［P三四・五七］、札幌市の高齢化率五％未満［P二二二］	【内】千円紙幣発行（聖徳太子の肖像） 【外】朝鮮戦争勃発
51	昭26	【市】札幌市円山動物園開業	
52	昭27	【市】連合軍（米軍）より丘珠空港返還［P一五六］	【内】東京飛行場が米軍から返還され、東京国際空港（羽田）として業務開始 【外】英軍がスエズ運河を封鎖、エジプトで自由将校団によるクーデター勃発
54	昭29	【市】陸上自衛隊丘珠駐屯地発足［P一五六］	【内】台風十五号の影響で青函連絡船「洞爺丸」沈没 【外】ビキニでの米国水爆実験で「第五福竜丸」被ばく
55	昭30	【市】札幌市、琴似町・札幌村・篠路村と合併［P三四・五七］、札幌市の人口が終戦時の二十二万人から十年間で約二倍の四十二万七千人に［P五二］	【内】東京・文京区に後楽園ゆうえんち開園
56	昭31	【市】丘珠空港で旅客機の運航開始［P一五六］	【内】日本が国際連合に加入 【外】冬季オリンピック・コルチナ・ダンペッツォ大会開催、猪谷千春が冬季で日本初のメダル獲得（銀）
57	昭32	【道】道内の炭鉱数ピーク［P三六］	【内】五千円紙幣発行（聖徳太子の肖像） 【外】ソ連、世界初の人工衛星「スプートニク一号」の打ち上げに成功
59	昭34	【市】第六代市長に原田與作就任［P七〇］、札幌市中央卸売市場開業、ポートランド市と姉妹都市提携調印	【内】皇太子成婚式、国民年金制度創設のための国民年金法制定 【外】キューバ革命勃発
61	昭36	【市】札幌市、豊平町と合併［P三四・五七］、丘珠空港が自衛隊と民間の共用飛行場となる［P一五六］	【内】樺太犬タロー、南極から四年半ぶり帰国 【外】ソ連の人工衛星・ボストーク一号（ガガーリン少佐搭乗）地球一周有人飛行に成功

1962	昭37	【道】十八鉱の道内炭鉱が閉山［P五八］		
63	昭38	【市】市民憲章制定［P五一］、札幌市の人口、最大の転入超過数を記録（一万三千三百七十七人）［P三八］ 【道】二十一鉱の道内炭鉱が閉山［P五八］	【内】日本初の連続テレビアニメ「鉄腕アトム」の放送開始 【外】米・ケネディ大統領暗殺	
64	昭39	【市】札幌招致を活動していた第十回オリンピック冬季大会の開催都市がグルノーブル（仏）に決定［P五三］、原田與作市長が冬季オリンピック開催都市への再立候補を決断、議会で可決、招致運動再スタート［P五四］、路面電車の路線延長が二十五キロとなる［P一三三］ 【著者】十八歳で初めて札幌を訪れる［P四六］	【内】東海道新幹線開業、夏季オリンピック・東京大会開催 【外】冬季オリンピック・インスブルック大会開催	
65	昭40	【市】札幌市の人口が十年間で倍増（七十九万五千人）［P五一］ 【著者】十九歳で札幌市民となる［P五一・九二］	【外】ソ連の宇宙飛行士レオーノフ中佐が人類史上初の宇宙遊泳に成功	
66	昭41	【市】一九七二年（昭和四十七年）開催予定の冬季オリンピックの開催地が札幌に決定［P五五］	【内】ビートルズが日本武道館で公演、住民登録による総人口一億人突破 【外】ソ連の無人探査機「ルナ九号」が初の月面軟着陸に成功、月面写真を撮影	
67	昭42	【市】札幌市、手稲町と合併［P三四・五七］	【内】ユニバーシアード東京大会開催	
68	昭43	【市】市創建百年、北海道大博覧会開催［P三三］ 【道】開道百年［P三三］	【内】都市計画区域を区分する線引き制度が都市計画法の制定により制度化［P二〇〇］ 【外】冬季オリンピック・グルノーブル大会開催	

西暦	和暦	札幌・北海道・著者	国内・国外	
1970	昭45	【市】札幌市の人口百万人突破［P三四］、札幌でも初めて線引きが実施［P二〇〇］、札幌市の高齢化率七％を超え「高齢化社会」に［P二一二］ 【道】開道百年記念の百年記念塔完成［P三三］ 【著者】タイル工事会社を設立（後の㈱日天タイル工業）、代表者に就任	【内】日本万国博覧会、大阪千里で開催	
71	昭46	【市】札幌市役所本庁舎完成・一階ロビーに島判官の像が設置［P四］、札幌市長期総合計画策定［P七一］、第七代市長に板垣武四就任［P七二］、札幌地下街完成［P一七二］、地下鉄南北線真駒内～北二十四条間開業［P一四二］、	【内】日米間で沖縄返還協定調印 【外】第三次印パ戦争を経て、東パキスタンがバングラデシュとして独立	
72	昭47	【市】冬季オリンピック・札幌大会開催［P三四・五五］、政令指定都市移行（七区）［P三四・七二］、ミュンヘン市と姉妹都市提携調印	【内】沖縄返還・沖縄県発足、訪日外国人観光客数が約七十二万人に［P一〇三］ 【外】グアム島密林内で救出の元日本兵・横井庄一が帰国、日中両国首相共同声明発表・国交正常化	
74	昭49	【市】丘珠空港からTDA撤退［P一五六］、札幌市の合計特殊出生率がピーク（一・九三）［P二一五］、札幌市の出生数がピーク（二万四千五百二十五人［P二一四］	【内】「軍艦島」（端島）の炭鉱閉山・無人島化、東京・江東区にセブン・イレブン一号店開店 【外】フィリピン・ルバング島で救出の元日本兵・小野田寛郎が帰国	
76	昭51	【市】新札幌市長期総合計画策定［P七一］、地下鉄東西線琴似～白石間開業［P一四二］	【内】天皇御在位五十年記念式典開催 【外】夏季オリンピック・モントリオール大会開催	
78	昭53	【市】地下鉄南北線北二十四条～麻生間開業［P一四二］	【内】新東京国際空港（成田）開港、日中平和友好条約調印 【外】英国で世界初の体外受精児誕生	
80	昭55	【市】瀋陽市と友好都市提携調印	【内】「ルービックキューブ」日本上陸 【外】冬季オリンピック・レークプラシッド大会開催	
82	昭57	【市】地下鉄東西線白石～新さっぽろ間開業［P一四二］	【内】東京赤坂のホテル・ニュージャパンで火災、五百円紙幣に代わり五百円硬貨発行	

1983	昭58	【市】札幌市の人口が京都を抜き、全国第三位に［P五八］		
84	昭59	【市】人口百五十万人突破、札幌国際見本市開催	【内】毒入り菓子による脅迫の「かい人二十一面相」事件発生 【外】冬季オリンピック、サラエボ大会・夏季オリンピック・ロサンゼルス大会開催	
87	昭62	【市】スパイクタイヤ使用規制条例制定［P二三九］ 【著者】札幌市議会議員選挙初挑戦・惜敗	【内】国鉄分割民営化 【外】世界の人口が五十億人を突破、ブラックマンデー（ニューヨークで史上最大規模の世界的株価の大暴落）	
88	昭63	【市】第三次札幌市長期総合計画策定［P七二］、鉄道高架化の一次開業［P一二三］、地下鉄東豊線栄町～豊水すすきの間開業［P一四二］	【内】青函トンネル開業、日本初の屋根つき球場「東京ドーム」開場 【外】夏季オリンピック・ソウル大会開幕	
89	昭64・平元	【市】分区により厚別区・手稲区誕生（九区）［P三五］	【内】昭和天皇崩御・皇太子が新天皇に即位、新元号を「平成」に決定・公布、消費税スタート（三%） 【外】天安門事件、東西対決の象徴「ベルリンの壁」崩壊	
90	平2	【市】第一回PMF（パシフィック・ミュージック・フェスティバル）開催、ノボシビルスク市と姉妹都市提携調印	【内】天皇の次男、礼宮文仁親王と川嶋紀子が結婚（秋篠宮家創設）、スパイクタイヤ粉じんの発生の防止に関する法律成立［P二三九］ 【外】東西ドイツ統一	
91	平3	【市】第八代市長に桂信雄就任［P七三・七四］ 【著者】札幌市議会議員選挙初当選（一期目）	【内】長崎県の雲仙・普賢岳で大規模な火砕流が発生 【外】湾岸戦争勃発	
94	平6	【市】地下鉄東豊線豊水すすきの～福住間開業［P一四二］、札幌市の高齢化率十四%を超え「高齢社会」に［P二一二］ 【著者】㈱日天タイル工業代表取締役退任	【内】関西国際空港開港、松本サリン事件	

1995	平7	【市】さとらんどオープン 【著者】札幌市議会議員選挙当選（二期目）	【内】阪神・淡路大震災、地下鉄サリン事件 【外】米国とベトナムの国交正常化
96	平8	【市】プロサッカーチーム「コンサドーレ札幌（創設当時）」誕生［P七六］ 【道】豊浜トンネルで岩盤崩落事故	【外】夏季オリンピック・アトランタ大会開催
97	平9	【市】分区により清田区誕生（十区）［P三五］、札幌コンサートホール（Ｋｉｔａｒａ）オープン［P七五］、札幌市内の外国人観光客宿泊者数は約九万人［P一〇四］ 【道】訪日外国人来道者数は約十二万人［P一〇四］	【内】消費税の税率が三％から五％へ、山一證券・北海道拓殖銀行が経営破綻 【外】マザー・テレサが死去
98	平10	【市】定山渓自然の村オープン	【内】冬季オリンピック・長野大会開催、和歌山毒物カレー事件 【外】世界人口が六十億を突破
99	平11	【市】地下鉄東西線琴似～宮の沢間開業［P一四二］ 【著者】札幌市議会議員選挙当選（三期目）	【内】東海村の核燃料施設（ＪＣＯ）で臨界事故、商品券「地域振興券」の交付 【外】パナマ運河が米国からパナマへ返還
2000	平12	【市】第四次札幌市長期総合計画策定［P七二］、生涯学習総合センターオープン 【道】有珠山噴火	【内】介護保険制度スタート、新五百円硬貨発行 【外】夏季オリンピック・シドニー大会開催
1	平13	【市】札幌ドームオープン［P七六］	【外】ハワイ沖で宇和島水産高校実習船「えひめ丸」が米原潜と衝突、米で同時多発テロ事件発生
2	平14	【市】日韓共催のＦＩＦＡワールドカップにて会場の一つとして札幌ドームで試合開催	

2003	平15	【市】第九代市長に上田文雄就任［P七八］、丘珠空港整備完了（滑走路の延長等）［P一五八］、札幌駅南口土地区画整理事業として開発した札幌駅ビルが開業［P二二三］、札幌コンベンションセンター開業［P一九三］ 【道】十勝沖地震発生 【著者】札幌市議会議員選挙当選（四期目）	【内】日本郵政公社発足 【外】米国スペースシャトル「コロンビア」空中分解事故、イラク戦争開始	
4	平16	【市】札幌ドームを本拠地としてプロ野球球団「北海道日本ハムファイターズ」誕生	【内】鳥インフルエンザ流行、北朝鮮拉致被害者の蓮池・地村・曽我の各家族が続けて帰国 【外】夏季オリンピック・パラリンピック・アテネ大会開催	
5	平17	【市】札幌市の高齢化率二十一％を越え「超高齢社会」に［P二二二］		
7	平19	【市】FISノルディックスキー世界選手権札幌大会開催 【著者】札幌市議会議員選挙当選（五期目）	【内】全国で食品偽装相次ぐ 【外】米国でサブプライムローン問題顕在化	
9	平21	【市】家庭ごみ有料化などの新ごみルール開始	【内】裁判員制度スタート 【外】マイケル・ジャクソン死去	
10	平22	【市】大田広域市と姉妹都市提携調印、丘珠空港からA-net撤退［P一五八］	【内】尖閣諸島付近で中国漁船と海上保安庁巡視船が衝突	
11	平23	【市】札幌駅前通地下歩行空間開通［P七九］ 【著者】札幌市議会議員選挙当選（六期目）、第二十九代札幌市議会議長に就任	【内】東日本大震災発生［P八二］、福島第一原子力発電所事故 【外】世界人口が七十億を突破、米軍がオサマ・ビンラディン殺害	
12	平24	【市】どうぎんカーリングスタジアムオープン、札幌路面電車活用計画策定	【内】東京スカイツリー開業、北海道新幹線の札幌延伸を国交省認可 夏季オリンピック・ロンドン大会開催	

年	和暦	札幌・北海道・著者	国内・海外
2013	平25	【市】札幌市まちづくり戦略ビジョン策定、市電に新型低床車両「ポラリス」導入 【著者】札幌市議会議長を退任	【内】二〇二〇年夏季オリンピック・パラリンピックの開催地が東京に決定
14	平26	【市】札幌国際芸術祭二〇一四開催、丘珠空港でＦＤＡチャーター便運航［Ｐ一六〇］	【内】御嶽山噴火、消費税の税率が五％から八％へ 【外】冬季オリンピック・パラリンピック・ソチ大会開催、ＩＯＣ総会でオリンピック・アジェンダ二〇二〇発表［Ｐ一〇八］
15	平27	【市】第十代市長に秋元克広就任［Ｐ八三］、札幌市まちづくり戦略ビジョン・アクションプラン二〇一五策定［Ｐ八四］、市電ループ化開業［Ｐ一三三］、夜景サミットで日本新三大夜景都市に（二位）［Ｐ一七三］ 【著者】札幌市議会議員選挙当選（七期目）、市議会自由民主党議員会会長に就任	【内】マイナンバー制度スタート 【外】米国とキューバが国交回復
16	平28	【市】白石区複合庁舎供用開始、丘珠空港にＦＤＡの定期便就航（夏期限定）［Ｐ一六〇］ 【道】北海道新幹線が新青森～新函館北斗間で開業［Ｐ一一九］ 【著者】北海道科学大学大学院入学［Ｐ一二〇］	【内】選挙権が二十歳から十八歳に引き下げ、「保育園落ちた日本死ね！」というブログをきっかけに、保育所の待機児童問題が大きく取り上げられる［Ｐ二一七］、訪日外国人観光客数が二千四百万人と札幌冬季五輪開催年の約三十三倍に増加［Ｐ一〇三］
17	平29	【市】二〇一七冬季アジア札幌大会開催、札幌国際芸術祭二〇一七開催、札幌市内の外国人観光客宿泊者数が約二百五十七万人と二十年前の約二十八倍に増加［Ｐ一〇四］、札幌市の高齢化率が二十七．七％に［Ｐ二二二］ 【道】訪日外国人来道者数が約二百七十九万人と二十年前の約二十三倍に増加［Ｐ一〇四］	【内】天皇退位特例法が成立、ＮＨＫ大河ドラマ「西郷どん」放映［Ｐ一七］ 【外】北朝鮮が弾道ミサイルを相次いで発射

2018 平30	19 平31・令1	20 令2	21 令3	22 令4	30 令12
【市】市創建百五十年、「さっぽろ創世スクエア」グランドオープン、夜景サミットで再び日本新三大夜景都市に（二位）［P一七三］、北海道新幹線札幌駅ホーム位置が「大東案」に決定［P一二二］、「旧永山武四郎邸」および「札幌市旧三菱鉱業寮」がリニューアルオープン［P一三七］、FDAが丘珠・静岡間の運行期間を延長、丘珠・松本間の臨時定期便を運航［P一六〇］、札幌市住宅宿泊事業の実施の制限に関する条例施行［P一七六］、札幌市での医療費助成の対象が未就学の児童から小学一年生まで拡大［P二二〇］、札幌市高齢者支援計画策定［P二三〇］ 【道】開道百五十年、北海道胆振東部地震発生［P一七七・二三三］ 【著者】北海道科学大学大学院修士課程修了［P一二〇・二二八］	【市】新中央体育館（北ガスアリーナ札幌46）オープン、ラグビーW杯の試合が札幌ドームでも開催、札幌市での医療費助成の対象が小学二年生まで拡大［P二二〇］ 【著者】札幌市議会議員選挙当選（八期目）		【内】二〇二〇年の開催が延期された夏季オリンピック・パラリンピック・東京大会開催（予定）	【市】市政施行百年	【市】冬季オリンピック・パラリンピック札幌大会開催、北海道新幹線札幌駅開業（予定）
【内】山口県周防大島町にて行方不明になっていた藤本理稀ちゃん（二歳）が三日ぶりに発見［P二二八］ 【外】冬季オリンピック・パラリンピック・平昌大会開催	【内】今上天皇退位・皇太子が新天皇即位、新元号「令和」に決定、すべての三～五歳児と住民税非課税世帯の〇～二歳児を対象に保有料を無償化［P二二〇］	【内】夏季オリンピック・パラリンピック・東京大会が新型コロナウイルス感染症の世界的規模での感染拡大のため開催延期			

著者　略歴
三上　洋右（みかみ　ようすけ）

1945年（昭和20年）11月10日、青森県北津軽郡中里町（現：中泊町）生まれ。
青森県内潟中学校卒業後、中里営林署で山仕事に従事。

1965年（昭和40年）５月、19歳で青雲の志に燃え、札幌市に移住。24歳で株式会社日天タイル工業を興し、代表取締役に就任（平成６年退任)。社業のかたわら、青少年育成委員、民生児童委員、町内会長、東月寒中学校ＰＴＡ会長など、数々のボランティア活動に参加。

1983年（昭和58年）12月、町村信孝元衆議院議長が衆議院議員選挙で初陣を飾った際、豊平区連合後援会幹事長として当選に尽力、以後、町村代議士門下となる。

1987年（昭和62年）４月、札幌市議会議員選挙に初挑戦したが､7,663票で惜敗。
1991年（平成３年）４月の選挙で雪辱を果たし初当選。以後８回連続当選。６回目の選挙の得票数20,898票は、政令市移行後の市議選史上最多。現在８期目。

この間、さっぽろ自民党（自民党札連）会長、自民党道連副会長、第29代札幌市議会議長、北海道市議会議長会会長、北海道新幹線建設促進関係自治体議長会会長、札幌広域圏組合議会議長、市議会森林・林業・林産業活性化推進議員連盟会長、市議会観光議員連盟会長、北海道後期高齢者医療広域連合議会議長、等の要職を歴任。

2018年(平成30年)３月、北海道科学大学大学院工学研究科修士課程修了。

現在は、さっぽろ自民党顧問、市議会自由民主党議員会会長、市議会日本南米友好議員連盟会長、社会福祉法人万葉閣理事、豊平区少年野球育成会会長、札幌女子サッカー連盟会長として活躍中。

著書「この指とまれ」「宿命への挑戦」「権力と富の分配」「幸運を呼ぶ名づけ方」

五《ご》洲《しゅう》第《だい》一《いち》の都《みやこ》　さっぽろ

2019年 2 月10日　初版第 1 刷
2019年 5 月 1 日　初版第 2 刷
2020年 8 月20日　追記第 1 刷

著　者　三上洋右
発行者　斎藤信二
装　幀　本澤博子
発　行　株式会社 高木書房
〒116-0013
東京都荒川区西日暮里 5-14-4-901
TEL 03-5615-2062　FAX 03-5615-2064
メール：syoboutakagi@dolphin.ocn.ne.jp

印刷・製本　株式会社 光陽メディア

ISBN978-4-88471-456-7 C0031 ¥1300E

Published by Takagishobo Printed in japan